高速铁路施工测量

罗天宇　宋运辉　**主　编**
周丽娟　魏国伟　杨　军　**副主编**

人民交通出版社股份有限公司
北　京

内 容 提 要

本书是重庆市优质校建设项目——重庆交通职业学院交通建设专业群建设规划教材。本书内容包括认识高速铁路工程测量，CPⅠ、CPⅡ控制网交桩与复测，施工控制网加密测量，线路施工测量，隧道工程测量，桥涵施工测量，轨道施工测量和竣工测量等。

本书可以作为高职或中职院校高速铁道工程技术、城市轨道交通工程等相关专业的测量课程教材，也可作为交通建设行业从业人员的参考资料或培训教材。

图书在版编目(CIP)数据

高速铁路施工测量/罗天宇，宋运辉主编. — 北京：人民交通出版社股份有限公司，2020.2
ISBN 978-7-114-16268-8

Ⅰ.①高… Ⅱ.①罗…②宋… Ⅲ.①高速铁路—施工测量—高等职业教育—教材 Ⅳ.①U238

中国版本图书馆 CIP 数据核字(2020)第 008595 号

Gaosu Tielu Shigong Celiang

书　　名：	高速铁路施工测量
著 作 者：	罗天宇　宋运辉
责任编辑：	张江成
责任校对：	孙国靖　宋佳时
责任印制：	刘高彤
出版发行：	人民交通出版社股份有限公司
地　　址：	(100011)北京市朝阳区安定门外外馆斜街 3 号
网　　址：	http://www.ccpress.com.cn
销售电话：	(010)59757973
总 经 销：	人民交通出版社股份有限公司发行部
经　　销：	各地新华书店
印　　刷：	北京市密东印刷有限公司
开　　本：	787×1092　1/16
印　　张：	11.5
字　　数：	285 千
版　　次：	2020 年 2 月　第 1 版
印　　次：	2022 年 8 月　第 4 次印刷
书　　号：	ISBN 978-7-114-16268-8
定　　价：	35.00 元

(有印刷、装订质量问题的图书由本公司负责调换)

前　言

　　职业教育与本科教育是两种不同类型的教育，本科教育的课程体系基于"学科体系"建立，而职业教育的课程体系基于"工作过程"建立。两种不同类型的教育在教学活动中，使用的重要载体——教材也应有所不同，那么，职业教育教材理应基于"工作过程"进行逻辑组织与内容编写。本书基于高速铁路施工过程以任务形式进行组织和编写，逻辑框架和内容都是基于工作过程展开。

　　2018年1月，编者所在学校——重庆交通职业学院被重庆市优质高等职业院校建设项目列为建设培育单位，其中工程测量技术、高速铁道工程技术、铁道工程技术、道路桥梁工程技术等专业组建为交通建设专业群进行优质校内涵建设。根据交通建设专业群建设目标和人才培养目标，工程测量教学团队组织编写《高速铁路施工测量》教材，为工程测量课程改革提供教学活动载体。由于交通建设专业群各专业在入学第一学期均开设"测量基础与方法"课程，本书没有涉及测角、测距、测量高差等基础测量知识，而是直接讲授高速铁路施工测量内容。

　　工程测量发展趋势可以总结为以下"六化"：①测量内外业作业一体化；②数据获取及处理自动化；③测量过程控制和系统行为智能化；④测量成果和产品数字化；⑤测量信息管理可视化；⑥信息共享和传播的网络化。高速铁路测量，特别是线上轨道施工测量在实际应用中充分体现了工程测量"六化"的发展趋势。高速铁路不论是在设计上还是施工上，不论是在技术上还是在设备仪器上，均有别于其他普通工程，高速铁路轨道施工精度要求高达亚毫米级，属于精密工程测量范畴。

　　2018年8月，学校优质校项目交通建设专业群各专业负责人对从事交通建设的中国中铁股份有限公司、中国建筑集团有限公司等下属近十个施工企业和工程项目进行调研。调研结果表明，职业院校毕业生对工程建设测量相关规范的熟悉程度不能满足交通建设要求。因此，我们在编写本书的同时，对最新工程测量相关规范进行学习，并将最新规范相关条文融入教材内容之中。

　　本书由重庆交通职业学院工程测量教学团队编写。罗天宇、宋运辉两位老师担任主编并进行全书统稿，任务一、任务二、任务三由宋运辉编写，任务四由周丽娟、杨军编写,任务五由覃亚男、魏国伟编写,任务六由严宇、魏国伟编写,任务七由罗天宇编写,任务八由魏国伟编写。

本书在编写过程中,参考了相关规范和教材,并得到重庆交通职业学院校领导及相关部门的大力支持,工程测量教学团队成员和人民交通出版社股份有限公司的同志为本书出版付出了辛勤劳动,在此向各位表示衷心感谢!

由于编写时间仓促,再加上编者水平有限,书中难免存在疏漏和不妥,敬请读者批评指正。读者如有修订意见或建议,可发送至313210962@qq.com邮箱。

编　者
2019年7月

目 录

任务一　认识高速铁路工程测量	1
子任务一　高速铁路的概念	1
子任务二　高速铁路工程的发展	1
子任务三　我国高速铁路控制测量	2
本章课后习题	5
任务二　CPⅠ、CPⅡ控制网交桩与复测	6
子任务一　CP0、CPⅠ、CPⅡ控制网交桩	6
子任务二　精密控制网复测技术方案的编制	8
子任务三　CPⅠ、CPⅡ控制网复测	9
子任务四　线路水准基点复测	10
子任务五　精密控制网复测成果报告的编制	13
本章课后习题	14
任务三　施工控制网加密测量	15
子任务一　路基、桥梁上CPⅡ控制网加密测量	15
子任务二　隧道内CPⅡ控制网加密测量	16
子任务三　线路水准基点加密测量	17
子任务四　加密测量成果报告编制	18
本章课后习题	19
任务四　线路施工测量	20
子任务一　线路中线测量	21
子任务二　路基施工测量	36
子任务三　路基沉降监测	44
子任务四　专项调查	48
子任务五　中线贯通测量	49
本章课后习题	50
任务五　隧道工程测量	52
子任务一　认识隧道测量	53
子任务二　隧道洞外控制测量	56
子任务三　隧道洞内外联系测量	66
子任务四　隧道洞内控制测量	71

子任务五　隧道施工测量 ·· 73
　　子任务六　隧道沉降测量 ·· 75
　本章课后习题 ·· 81

任务六　桥涵施工测量 ·· 82
　子任务一　桥梁结构基础知识 ·· 84
　子任务二　桥址选线测量 ·· 84
　子任务三　桥梁控制测量 ·· 87
　子任务四　桥梁下部结构施工测量 ·· 94
　子任务五　桥梁上部结构施工测量 ··· 105
　子任务六　桥梁沉降监测 ··· 114
　本章课后习题 ··· 120

任务七　轨道施工测量 ·· 121
　子任务一　CPⅢ轨道控制网测量 ·· 122
　子任务二　CRTSⅢ型无砟轨道精调 ·· 139
　子任务三　双块式轨道精调 ··· 154
　本章课后习题 ··· 168

任务八　竣工测量 ·· 169
　子任务一　桥梁竣工测量 ··· 169
　子任务二　隧道竣工测量 ··· 172

参考文献 ·· 177

任务一　认识高速铁路工程测量

知识目标：
1. 了解高速铁路的概念和发展历程。
2. 了解我国高速铁路平面控制网和高程控制网的等级。

能力目标：
1. 能根据相关规范要求对高速铁路CPⅠ、CPⅡ进行选点。
2. 会根据线路水准基点埋设要求进行选点。

重、难点：
1. 我国高速铁路平面控制网等级及布设。
2. 我国高速铁路高程控制网布设。

规范依据：
1. 《高速铁路工程测量规范》(TB 10601—2009)。
2. 《国家一、二等水准测量规范》(GB/T 12897—2006)。

教学建议：
1. 总学时4课时,其中理论学时4课时,实训学时0课时。
2. 实训项目设置:无。

子任务一　高速铁路的概念

我国国家铁路局将高速铁路定义为设计开行时速250km以上(含预留)、初期运营时速200km以上的客运列车专线铁路。不同时期、不同国家、不同行业或领域对高速铁路的定义不尽相同。我国国家发展和改革委员会将高速铁路定义为时速250km及以上标准的新线或既有线铁路,并将部分时速200km的城际铁路纳入中国高速铁路网范畴。国际铁路联盟1985年日内瓦协议将高速铁路定义为时速250km以上的新建客货共线型高速铁路,或时速为350km以上的新建客运专线型高速铁路。

子任务二　高速铁路工程的发展

目前,日本、法国、德国、意大利、西班牙、比利时等国家建成投入运营的高速铁路已超过

5000km，正在建设及已立项准备修建高速铁路的国家和地区有十几个，长度在5000km以上。

日本是世界上最早开始发展高速铁路的国家，运营里程超过2600km。有名的日本新干线——东海道新干线是日本第一条新干线，同时也是全球第一个成功运营的高速铁路系统。在高速铁路建设中，日本有自己的一套适合高速铁路建设的铁路工程测量成套技术体系。我国高速铁路中采用的CRTS-Ⅰ型轨道系统源自日本板式轨道系统。

德国高铁运营里程位居世界第二。在高速铁路建设中，德国也有自己一套适合高速铁路建设的铁路工程测量成套技术体系。德国各公司根据不同的无砟轨道结构形式有一套完整的轨道施工测量、轨道静态检测和运营维护测量技术标准。并且，德国铁路部门专门在德国境内建立了一套独立的坐标系统用于高速铁路施工。我国京沪高铁采用的CRTS-Ⅱ型轨道系统，源自德国的博格轨道系统。

截至2018年底，我国高速铁路全长已达到2.9万km，占全球高速铁路总里程的三分之二以上。我国真正意义上的第一条高铁干线是秦沈客运专线，于1999年8月16日开始建造，2003年10月12日运营，全程404km，最高时速321.5km，是我国铁路进入高速化的起点。我国第一条自主设计建成高速铁路京津城际铁路于2005年7月4日正式开工，2008年8月1日开通运营，京津城际高速铁路的建成标志着我国高速铁路建设高潮时代已经到来。我国第一条真正时速达到350km的高铁是武广高铁，是世界上运营速度最快、密度最大的高速铁路。武广高铁全程接近1000km，总投资在千亿元以上，由武汉途径长沙、衡阳、韶关、广州等穿越湖北、湖南、广东三省。京沪高速铁路是世界上一次建成线路最长、标准最高的高速铁路，也是新中国成立以来投资规模最大的建设项目。

国内开展高速铁路的研究始于20世纪90年代，在高速铁路基础理论、技术标准、结构设计等方面取得了重大进展。"十一五"期间，我国大规模建设高速铁路客运专线，并大量采用无砟轨道。与普通铁路相比，高速铁路采用的无砟轨道工程在结构上具有良好的连续性、平顺性和稳定性的特点，但需要高精度、高难度的测量工作作保证，高精度的测量已经成为高速铁路建设的重要保证和成败的关键因素之一。

高速铁路工程测量实现了工程测量内外业一体化、数据获取与处理的自动化、测量过程控制和系统行为智能化、测量成果和产品的数字化、测量信息管理的可视化、信息共享和传播的网络化的发展。

子任务三　我国高速铁路控制测量

一、平面测量控制网

高速铁路工程测量平面控制网分四级布设。在平面控制测量工作开展前，首先采用GNSS（全球导航卫星系统）测量方法建立高速铁路框架控制网（CP0）；在框架控制网（CP0）基础上布设基础平面控制网（CPⅠ），主要为勘测、施工、运营维护提供坐标基准；第三级为线路平面控制网（CPⅡ），主要为勘测和施工提供控制基准；第四级为轨道控制网（CPⅢ），主要为轨道铺设和运营维护提供控制基准。

我国高速铁路各级平面控制网设计的主要技术要求见表1-1,高速铁路中各等级 GNSS 测量作业的基本技术要求见表1-2。

高速铁路各级平面控制网设计的主要技术要求 表1-1

控制网	测量方法	测量等级	点间距	相邻点相对中误差	备注
CP0	GNSS	—	50km	20mm	
CPⅠ	GNSS	二等	≤4km 一对点	10mm	点间距≥800m
CPⅡ	GNSS	三等	600~800m	8mm	
	导线	三等	400~800m	8mm	附合导线网
CPⅢ	自由测站边角交会	—	50~70m 一对点	1mm	

高速铁路各等级 GNSS 测量作业的基本技术要求 表1-2

项目		等级				
		一等	二等	三等	四等	五等
静态测量	卫星截止高度角(°)	≥15	≥15	≥15	≥15	≥15
	同时观测有效卫星数	≥4	≥4	≥4	≥4	≥4
	有效时段长度(min)	≥120	≥90	≥60	≥45	≥40
	观测时段数	≥2	≥2	1~2	1~2	1
	数据采样间隔(s)	15~60	15~60	15~60	10~30	10~30
	接收机类型	双频	双频	双频	单/双频	单/双频
	PDOP 或 GDOP	≤6	≤6	≤8	≤10	≤10
快速静态测量	卫星截止高度角(°)	—	—	—	≥15	≥15
	有效卫星总数	—	—	—	≥5	≥5
	观测时间(min)	—	—	—	5~20	5~20
	平均重复设站数	—	—	—	≥1.5	≥1.5
	数据采样间隔(s)	—	—	—	5~20	5~20
	PDOP(GDOP)	—	—	—	≤7(8)	≤7(8)

注:平均重复设站数≥1.5 是指至少有50%的点设站2次;PDOP 是指位置精度因子;GDOP 是指几何精度因子。

1. 框架控制网(CP0)

我国的国家三角控制点精度偏低且兼容性差,难以保证高速铁路中首级 GNSS 测量相对精度,也不利于施工期间的控制网的复测,所以在高速铁路建设中建立统一、稳定、可靠的框架控制网(CP0)。

在线路初测前采用 GNSS 测量方法建立,全线一次性布网,统一测量,整体平差。CP0 控制点应沿线路走向每50km 左右布设一个点,在线路起点、终点或与其他线路衔接地段,应至少有1个 CP0 控制点。

CP0 控制网与 IGS 参考站或国家 A、B 级 GNSS 点进行联测。全线联测的已知站点不少于2个,且在网中均匀分布。CP0 观测技术要求符合表1-3 的规定。

CP0 观测技术要求 表1-3

卫星截止高度角(°)	数据采样间隔(s)	同时观测有效卫星数	有效卫星最短连续观测时间(min)	观测时段数	有效时段长度(min)
15	30	≥4	≥15	≥4	≥300

CP0 外业观测注意事项：

(1) 天线对中误差不大于1mm。天线高应在开机前和关机后各量取一次，每次间隔120°从天线三个不同方向量取，或使用接收机天线专用量高器量取。单次天线高重复量取的读数互差不大于±2mm时，取平均值作为单次天线高观测值；测前和测后天线高观测值读数互差不大于±3mm时，取平均值作为天线高最终观测值。

(2) 同一时段的观测过程中不得关闭并重新启动仪器，不得改变仪器的参数设置，不得转动天线位置。

(3) 观测过程中若遇强雷雨、风暴天气应立刻停止当前观测时段的作业。

CP0 基线解算使用长基线的高精度 GNSS 解算软件，网平差采用国家或铁路主管部门评审通过的软件。CP0 网平差以2000国家大地坐标系作为坐标基准，以 IGS 参考站或国家 A、B 级 GNSS 控制点作为约束点，进行控制网整体三维约束平差。

2. 基础平面控制网(CPⅠ)

CPⅠ控制网在初测阶段建立，全线(段)应一次布网，统一测量，整网进行数据处理。

CPⅠ控制网应按表1-1的要求沿线路走向布设，并附合于 CP0 控制网上。控制点宜设在距线路中心50～1000m范围内不易被施工破坏、稳定可靠、便于测量的地方。点位布设宜兼顾桥梁、隧道及其他大型构(建)筑物布设施工控制网的要求，并按相关规范要求规定埋石。标石埋设完成后，现场填写点位说明，丈量标石至明显地物的距离，绘制点位示意图，并按相关规范附录要求填写点之记。

CPⅠ控制网一般每50km宜联测1个平面控制点，全线(段)联测平面控制点的总数不宜少于3个，不得少于2个。当联测点数为2个时，应分布在网的两端；当联测点数为3个及其以上时，应在网中均匀分布。

CPⅠ控制网按表1-2中二等 GNSS 静态测量要求施测。

3. 线路平面控制网(CPⅡ)

CPⅡ控制网在定测阶段完成。在线路勘测设计起、终点及不同测量单位衔接地段，应联测2个及以上 CPⅡ控制点作为共用点，并在测量成果中注明相互关系。

CPⅡ控制网应按表1-1的要求沿线路布设，并附合于 CPⅠ控制网上。CPⅡ控制点选在距线路中线50～200m范围内稳定、可靠、便于测量的地方，并按相关规范要求埋石。标石埋设完成后，应现场填写点位说明，丈量标石至明显地物的距离，绘制点位示意图，按规范要求做好点之记。

CPⅡ控制网一般采用 GNSS 测量方法施测，按表1-2中三等 GNSS 静态测量要求进行测量。

二、高程测量控制网

高速铁路工程测量高程控制网分二级布设,第一级线路水准基点测量网,为高速铁路工程勘测设计、施工提供高程基准;第二级轨道高程控制网(CPⅢ),为高速铁路轨道施工、运营维护提供高程基准。

在地表沉降不均匀及地质不良地区,每10km设置一个深埋水准点,每50km设置一个基岩水准点,并按规范要求埋设。线路水准基点应沿线路布设成附合路线或闭合环,每2km布设一个水准基点,重点工程(大桥、长隧及特殊路基结构)地段应根据实际情况增设水准基点。点位距线路中线50~300m。

水准点埋设满足以下要求:

(1)水准点应选在土质坚实、安全僻静、观测方便和利于长期保存的地方。

(2)严寒冻土地区普通水准点标石应埋设至冻土线0.3m以下,以保证线路水准基点的稳定。

(3)普通水准点标石可采用预制桩或现浇桩,并按相关规范要求埋设标石。

(4)水准基点可与平面控制点共用。共桩点的埋设标石规格应符合水准点埋设的标石规格要求。

线路水准基点按二等水准测量要求施测。水准路线一般大于150km,宜与国家一、二等水准点联测,最长不应超过400km。线路水准基点测量网应全线(段)一次布网测量。

本章课后习题

1. 简述高速铁路的概念。
2. 我国有哪些主要高速铁路线路?
3. 高速铁路工程测量平面控制测量等级有哪些?
4. 简述基础平面控制网CPⅠ布设要求。
5. 简述我国高速铁路高程测量控制网的布设要求。

任务二　CPⅠ、CPⅡ控制网交桩与复测

知识目标：

1. 掌握 CPⅠ、CPⅡ控制网交桩流程。
2. 了解精密控制网复测技术方案的编制。
3. 掌握 CPⅠ、CPⅡ控制网复测与数据处理。
4. 理解二等水准测量的误差来源及削弱措施。
5. 掌握二等水准测量施测与数据处理。
6. 掌握精密光电测距三角高程测量。
7. 了解精密控制网复测成果报告的编制内容。

能力目标：

1. 能进行 CPⅠ、CPⅡ控制网交桩。
2. 能编制控制网复测技术文件。
3. 能实施 CPⅠ、CPⅡ控制网复测与数据处理。
4. 能进行二等水准测量施测与数据处理。
5. 能实施精密光电测距三角高程测量。

重、难点：

1. 控制网复测技术文件的编制。
2. 控制网的数据处理。

规范依据：

1.《高速铁路工程测量规范》(TB 10601—2009)。
2.《国家一、二等水准测量规范》(GB/T 12897—2006)。

教学建议：

1. 总学时 10 课时,其中理论学时 4 课时,实训学时 6 课时。
2. 实训项目设置：
(1)CPⅠ或 CPⅡ控制网复测数据处理；
(2)二等水准测量(线路测量模式)与数据处理；
(3)编制控制网复测技术文件。

子任务一　CP0、CPⅠ、CPⅡ控制网交桩

施工前,设计单位应向建设单位提交控制测量成果资料和现场标志桩,履行交接手续,施

工单位、监理单位参加交接工作,并按表2-1要求履行交桩手续。

交 接 桩 纪 要　　　　　　　　表 2-1

　　　　　　年　　月　　日至　　　　　年　　月　　日,　　　　　建设单位、　　　　　设计单位、　　　　　监理单位和　　　　　施工单位进行了交接桩工作。设计单位测量代表将测设在实地的桩点移交给接桩单位代表,现纪要如下:

一、交桩范围:

　　标段 DK　　　　　+　　　　　至 DK　　　　　+　　　　　段

二、参加单位及参加人员:

　　建设单位:(参加人员)
　　设计单位:(参加人员)
　　监理单位:(参加人员)
　　施工单位:(参加人员)

三、交桩内容:

四、资料交接清单:

五、交接意见:

六、资料交接单位及签字:

交桩单位:	(章)	交桩者:	年　月　日
接桩单位:	(章)	接桩者:	年　月　日
监理单位:	(章)	参加人员:	年　月　日

控制网交桩成果应包括以下内容:
(1)CP0、CPⅠ、CPⅡ控制点成果及点之记;
(2)CPⅠ、CPⅡ测量平差计算资料;
(3)线路水准基点成果及点之记;
(4)水准测量平差计算资料;
(5)测量技术报告(含平面、高程控制网联测示意图);
(6)CP0、CPⅠ、CPⅡ控制桩和线路水准基点桩。

子任务二 精密控制网复测技术方案的编制

高速铁路建(构)筑物施工之前,应对相应的 CPⅠ、CPⅡ控制网分别进行复测,以保证用于施工建设的 CPⅠ、CPⅡ控制网、线路水准基点坐标成果无误。

控制网复测之前,应编制复测技术方案,技术方案主要内容包括：

(1)任务依据

根据《高速铁路工程测量规范》(TB 10601—2009)要求,高速铁路工程建设各标段在精测网控制点接桩后,应对各自标段范围内的精测网控制点进行交桩复测,以满足线下工程开工的需要。

(2)工程概况

包括整体工程概况、施工标段工程概况和施工标段交桩精密控制网概况等内容。

(3)技术依据

①《高速铁路工程测量规范》(TB 10601—2009);

②《国家一、二等水准测量规范》(GB/T 12879—2006);

③《测绘技术总结编写规定》(GB/T 1001—2005);

④精密工程控制测量技术总结(勘测设计单位);

⑤其他相关规范规定。

(4)坐标系统及高程基准

高速铁路精密控制网坐标系统采用工程独立坐标系,并描述参考椭球参数、投影分带中央子午线和抵偿投影面高程;高程采用1985国家高程基准。

(5)CPⅠ、CPⅡ控制网复测

CPⅠ、CPⅡ控制网要求及施测要求,CPⅠ控制网采用二等 GNSS 测量施测,CPⅡ控制网采用三等 GNSS 测量施测。

(6)线路水准基点复测

二等水准技术要求及施测方法,困难地区采用精密光电测距三角高程测量技术要求及施测方法。

(7)内业数据处理

采用通过国家相关部门评审的商业数据处理软件,CPⅠ、CPⅡ控制网满足规范对基线解算的技术要求,满足如数据剔除率、异步环闭合差限差、重复基线较差限差要求,网平差满足三维无约束平差残差限差、二维约束平差残差限差、最弱边相对中误差、基线方向中误差、相对中误差等要求。

(8)发现问题的处理方法

主要是对超限数据问题分析处理方法。

(9)提交成果

①精测网复测成果报告;

②测绘人员的专业证书和仪器检定证书;
③GNSS 网复测的原始观测数据及其观测记录,以及其标准 RINEX 文件;
④二等水准复测的原始观测数据及其 Excel 观测记录表,以及二等水准高差检核表;
⑤平面和高程控制网平差计算的项目文件。

子任务三 CPⅠ、CPⅡ控制网复测

CPⅠ、CPⅡ控制网采用边联式构网,即相邻同步观测环之间至少有一条足够长且观测条件较好的基线重复观测,由三角形或大地四边形组成的带状网。

(1)CPⅠ、CPⅡ控制网分别对应按表 1-2 中的二等、三等 GNSS 静态测量要求进行施测。

(2)CPⅠ、CPⅡ基线解算应满足表 2-2 中的质量控制指标要求。

基线解算质量控制指标　　　　　　　　　　　　　表 2-2

控 制 指 标	指标限差			
	X 坐标分量闭合差	Y 坐标分量闭合差	Z 坐标分量闭合差	全长 W_s 闭合差
独立环或附合路线	$W_X \leq 3\sqrt{n}\sigma$	$W_Y \leq 3\sqrt{n}\sigma$	$W_Z \leq 3\sqrt{n}\sigma$	$W_s \leq 3\sqrt{3n}\sigma$
数据剔除率	≤10%			
重复观测基线较差	$d_s \leq 2\sqrt{2}\sigma$			

注:基线长度中误差 $\sigma = \pm\sqrt{a^2 + (b \cdot d)^2}$。其中,$a$ 为 GNSS 接收机固定误差(mm);b 为 GNSS 接收机比例误差(mm/km);d 为基线平均边长。

(3)CPⅠ、CPⅡ网平差应采用国家有关部门评审通过的数据处理软件,GNSS 网平差应满足表 2-3 中的质量控制指标要求。

GNSS 网平差质量控制指标　　　　　　　　　　　　表 2-3

控 制 指 标	指标限差		
	X 坐标分量	Y 坐标分量	Z 坐标分量
无约束平差改正数	$V_X \leq 3\sigma$	$V_Y \leq 3\sigma$	$V_Z \leq 3\sigma$
约束平差与无约束平差同一基线改正数较差	$dV_X \leq 2\sigma$	$dV_Y \leq 2\sigma$	$dV_Z \leq 2\sigma$

(4)CPⅠ、CPⅡ控制网 GNSS 测量的精度指标应符合表 2-4 的要求。

CPⅠ、CPⅡ控制网 GNSS 测量的精度指标　　　　　　表 2-4

控 制 网	基线边方向中误差	最弱边相对中误差
CPⅠ	≤1.3″	1/180000
CPⅡ	≤1.7″	1/100000

子任务四 线路水准基点复测

线路水准基点复测一般采用二等水准测量施测,当困难山区施测二等水准有困难时,精密光电测距三角高程测量可代替二等水准测量。

一、二等水准测量

1. 二等水准测量施测前的设置

数字水准仪在有效检定期内,精度不低于DS1级,采用线路水准测量模式进行施测,施测之前需进行测量设置,设置内容有水准观测方法(表2-5)、水准测量技术要求(表2-6),测站限差(表2-7)。

二等水准测量的观测方法　　　　　　　　　　　　　　　表2-5

等　级	路线观测方式	观测顺序
二等	往返观测	奇数站:后—前—前—后
		偶数站:前—后—后—前

水准测量主要技术要求　　　　　　　　　　　　　　　　表2-6

等级	水准仪最低型号	水准尺类型	视距(m)	前后视距差(m)	测段前后视距累积差(m)	视线高度(m)	同一标尺测量次数(次)
二等	DS1	铟瓦尺	≥3 且 ≤50	≤1.5	≤6.0	≤2.8 且 ≥0.55	≥2

水准观测的测站限差(mm)　　　　　　　　　　　　　　表2-7

等　级	项　目			
	基、辅分划[黑红面]读数之差	基、辅分划[黑红面]所测高差之差	检测间歇点高差之差	上下丝读数平均值与中丝读数之差
二等	0.5	0.7	1	3

2. 观测要求

(1)二等水准测量采用单程路线往返观测,测段中测站数为偶数,尺垫质量不少于5kg。

(2)下列情况不能进行二等水准测量观测:

①日出后与日落前30min内;

②夏季10:00—16:00,冬季11:00—14:00;

③水准尺影响跳动剧烈;

④气温突变;

⑤风力过大导致水准仪或标尺不稳定。

(3)作业开始7d内,水准仪每天检校一次i角,稳定后每15d检校一次。

(4)施测前,在测区露天阴影下仪器开箱30min,并预热测量。

(5)一个测站不能重复调焦。

3. 误差来源

外业水准测量工作误差来源有水准仪和标尺误差、人为操作误差、外界环境影响。

(1) 精密水准测量的仪器误差及削弱措施

① 水准仪 i 角误差

一、二等水准测量 i 角误差应不大于 15″,仪器 i 角误差如果超限,需对仪器进行 i 角误差校正;校正后的仪器仍然有残余 i 角误差,在测量过程中,通过控制测站视距差和累计视距差来削弱残余 i 角误差对精密水准测量的影响。

② 水准仪 φ 角误差

对水准仪的圆水准器进行检验与校正,并对 φ 误差进行检验与校正;测量过程中,保持气泡严格居中。

③ 水准标尺零点不等差

水准标尺使用久了,尺子底端钢片会出现不同程度磨损,影响测站高差准确性。测段安排成偶数站,可以消除水准标尺零点不等差的影响。

④ 水准尺每米真长误差影响

精密水准测量的水准尺须经过国家法定检测机构鉴定,设 f 为水准尺每米间隔平均真长误差,对一个测站高差 h 的改正值为:

$$\delta_f = h \cdot f$$

对于一个测段来说,应加的改正数为:

$$\sum \delta_f = f \cdot \sum h$$

(2) 人为操作误差

二等水准测量使用电子水准仪进行测量,不存在瞄准和读数误差。

(3) 外界环境影响

① 温度变化对 i 角误差影响

短时间内,受温度影响,认为 i 角误差与时间成比例均匀变化,采用"后前前后""前后后前"观测程序削弱这项误差影响;将测段安排成偶数站,也有利于削弱 i 角变化对高差测量的误差影响。

② 水准仪下沉影响

短时间内,可以认为水准仪下沉是均匀变化的,可以采用"后前前后""前后后前"观测程序削弱仪器下沉影响。

③ 水准标尺下沉影响

迁站过程中,前视尺转为后视尺会出现下沉情况,总使后视读数偏大,每个测站高差都偏大,成系统误差影响。往返测时,尺垫置于坚硬地面上,水准尺放置半分钟后再进行观测。

④ 电磁场对水准测量的影响

电磁场对水准仪视线正确位置产生系统性影响,所以布设精密水准路线应离输电线 50m 以外;跨越输电线时,水准线路垂直通过,并将水准仪安置在输电线正下方。

4. 数据处理

二等水准数据采用经过国家有关部门评审合格的软件进行数据平差处理,处理结果满足表 2-8 和表 2-9 的限差要求。

水准测量限差要求(mm) 表2-8

水准测量等级	测段、路线往返测高差不符值		测段、路线的左右路线高差不符值	附合路线或环线闭合差		检测已测测段高差之差
	平原	山区		平原	山区	
二等	$\pm 4\sqrt{K}$	$\pm 0.8\sqrt{n}$	—	$\pm 4\sqrt{L}$		$\pm 6\sqrt{R_i}$

注：1. K 为测段水准路线长度，单位为 km；L 为水准路线长度，单位为 km；R_i 为检测测段长度，以 km 计；n 为测段水准测量站数。

2. 当山区水准测量每 1km 的测站数 $n \geq 25$ 以上时，采用测站数计算高差测量限差。

高程控制网的技术要求 表2-9

水准测量等级	每1km高差偶然中误差 M_Δ(mm)	每1km高差全中误差 M_W(mm)	附合路线或环线周长的长度(km)	
			附合路线长	环线周长
二等	≤1	≤2	≤400	≤750

表2-10 中，M_Δ 和 M_W（附合路线或环线超过 20 个进行计算）应按式(2-1)、式(2-2)计算：

$$M_\Delta = \sqrt{\frac{1}{4n}\left[\frac{\Delta\Delta}{L}\right]} \qquad (2-1)$$

$$M_W = \sqrt{\frac{1}{N}\left[\frac{WW}{L}\right]} \qquad (2-2)$$

式中：Δ——测段往返高差不符值(mm)；

L——测段长或环线长(km)；

n——测段数；

W——附合或环线闭合差(mm)；

N——水准路线环数。

二、精密光电测距三角高程测量

所用的全站仪应具有自动目标识别、自动测量、自动记录功能，仪器标称精度不应低于 $0.5″, 1mm + 1 \times 10^{-6}mm$。精密光电测距三角高程测量使用的全站仪应经过特殊加工，能在全站仪把手上安装反射棱镜，反射棱镜的安装误差不得大于 0.1mm。

精密光电测距三角高程测量观测时应采用两台全站仪同时对向观测，目的主要是削弱大气折光和地球曲率影响。在一个测段上对向观测的边数为偶数，不量取仪器高和觇标高，观测距离一般不大于 500m，最长不应超过 1000m，竖直角不宜超过 10°。

精密光电测距三角高程测量观测的主要技术要求应符合表2-10 的规定。

精密光电测距三角高程测量观测的主要技术要求 表2-10

等级	边长(m)	测回数	指标差较差(″)	测回间垂直角较差(″)	测回间测距较差(mm)	测回间高差较差(mm)
二等	≤100	2	5	5	3	$\pm 4\sqrt{S}$
	100~500	4				
	500~800	6				
	800~1000	8				

注：S 为视线长度，单位 km。

精密光电测距三角高程测量应采用往返观测,观测中测定气温和气压。气温读至 0.5℃,气压读至 1.0hPa,并在斜距中加入气象改正。

精密光电测距三角高程测量的其他精度指标需满足表 2-11 和表 2-12 相应水准等级的技术要求。

精密高程控制网的技术要求　　　表 2-11

水准测量等级	每 1km 高差偶然中误差 M_Δ(mm)	每 1km 高差全中误差 M_W(mm)	附合路线或环线周长的长度(km)	
			附合路线长	环线周长
二等	≤1	≤2	≤400	≤750
精密水准	≤2	≤4	≤3	—

水准测量限差要求(mm)　　　表 2-12

水准测量等级	测段、路线往返测高差不符值		测段、路线的左右路线高差不符值	附合路线或环线闭合差		检测已测测段高差之差
	平原	山区		平原	山区	
二等	$\pm 4\sqrt{K}$	$\pm 0.8\sqrt{n}$	—	$\pm 4\sqrt{L}$		$\pm 6\sqrt{R_i}$
精密水准	$\pm 8\sqrt{K}$	$\pm 6\sqrt{K}$		$\pm 8\sqrt{L}$		$\pm 8\sqrt{R_i}$

注:1. K 为测段水准路线长度,单位为 km;L 为水准路线长度,单位为 km;R_i 为检测测段长度,以 km 计;n 为测段水准测量站数。

2. 当山区水准测量每 1km 测站数 $n \geq 25$ 站以上时,采用测站数计算高差测量限差。

子任务五　精密控制网复测成果报告的编制

精密控制网复测完成之后,应编制精密控制网复测成果报告,主要内容包括:

(1)工程概况

包括整体工程概况、施工标段工程概况和施工标段交桩精密控制网概况。

(2)复测工作内容及开展概况

复测工作量及复测工作持续时间、人员投入、设备投入等概况。

(3)技术依据

①《高速铁路工程测量规范》(TB 10601—2009);

②《国家一、二等水准测量规范》(GB/T 12879—2006);

③精密控制网复测技术方案;

④精密控制网技术交底材料;

⑤其他相关规范规定。

(4)坐标系统及高程基准

高速铁路精密控制网坐标系统采用工程独立坐标系,并描述参考椭球参数、投影分带中央子午线和抵偿投影面高程;高程采用 1985 国家高程基准。

(5)CPⅠ控制网复测

内容包括 CPⅠ复测组网实施、CPⅠ数据处理及精度分析和 CPⅠ复测成果分析及结论。

(6)CPⅡ控制网复测

内容包括CPⅡ复测组网实施、CPⅡ数据处理及精度分析和CPⅡ复测成果分析及结论。

(7)二等水准复测

内容包括二等水准复测主要技术要求、二等水准外业观测、内业计算及精度评定和二等水准复测成果分析及结论。

(8)复测结论与成果使用说明

内容包括控制网复测结论、CPⅡ控制网复测结论、二等水准复测结论,复测成果与交桩成果较差满足规范要求,采用交桩成果开展后续测量工作。

(9)提交成果

①CPⅠ、CPⅡ平面控制点成果坐标;

②二等水准高程成果;

③CPⅠ复测二维约束平差报告;

④CPⅡ复测二维约束平差报告;

⑤二等水准复测及加密平差报告;

⑥测绘人员及仪器证书。

本章课后习题

1. CP0、CPⅠ、CPⅡ控制网交桩参与单位和交桩成果分别有哪些?
2. 简述控制网复测技术方案的主要内容。
3. CPⅠ、CPⅡ控制网复测数据处理应分别满足哪些精度指标要求?
4. 二等水准测量有哪些观测要求?
5. 二等水准测量应关注哪些误差来源?并简述相应削弱误差的措施。
6. 简述普通光电三角高程测量与精密光电测距三角高程的异同点。
7. 精密控制网复测成果报告主要内容有哪些?

任务三 施工控制网加密测量

知识目标：
1. 掌握路基、桥梁段 CPⅡ控制网加密测量和数据处理方法。
2. 掌握隧道内 CPⅡ控制网加密测量和数据处理方法。
3. 掌握桥梁段水准基点加密测量方法。
4. 掌握编制加密测量成果报告方法。

能力目标：
1. 能实施路基、桥梁段 CPⅡ控制网加密测量和数据处理。
2. 能实施隧道内 CPⅡ控制网加密测量和数据处理。
3. 能实施桥梁段水准基点加密测量。
4. 能编制加密测量成果报告。

重、难点：
1. 加密测量数据处理。
2. 加密测量成果报告的编制。

规范依据：
1.《高速铁路工程测量规范》(TB 10601—2009)。
2.《国家一、二等水准测量规范》(GB/T 12897—2006)。

教学建议：
1. 总学时 8 课时，其中理论学时 4 课时，实训学时 4 课时。
2. 实训项目设置：
(1) 中间设站光电测距三角高程测量；
(2) 精测网加密测量成果报告的编制。

子任务一 路基、桥梁上 CPⅡ控制网加密测量

高速铁路路基和桥梁沉降评估完成之后，进行 CPⅢ控制网平面测量前，原有 CPⅠ、CPⅡ控制点位置和密度不能满足 CPⅢ布网需求，应进行 CPⅡ控制网加密测量工作。

路基、桥梁段 CPⅡ控制点设在已建好的路基上或桥梁的防撞墙上，点位选取满足以下要求：
(1) 便于保存、稳定可靠、便于测量，点间距不应小于 300m；
(2) 点位四周障碍物高度角小于 15°；
(3) 远离高压线(50m 以外)和大功率发射源(200m 以外)；

(4)远离大面积水域或带有平整外墙的建筑物。

标石埋设完成后,应统一编号并现场使用油漆喷射标记。

采用 GNSS 测量时,按下列要求进行施测和数据处理:

(1)CPⅡ控制网加密测量采用边连式或网连式构网,联测已有 CPⅠ、CPⅡ。

(2)CPⅡ控制网按表 1-2 中的三等 GNSS 静态测量要求进行施测。

(3)CPⅡ基线解算应满足表 2-2 中的质量控制指标要求。

(4)CPⅠ、CPⅡ网平差应采用国家有关部门评审通过的数据处理软件,网平差应满足表 2-3 中的质量控制指标要求。

(5)CPⅠ、CPⅡ控制网 GNSS 测量的精度指标应符合表 2-4 的规定。

子任务二 隧道内 CPⅡ控制网加密测量

隧道内无法采用 GNSS 测量技术加密 CPⅡ控制网,应采用导线测量施测。导线测量选点和观测应满足下列要求:

(1)导线点应布设在施工干扰小、安全稳固、方便设站、便于保存的地方,点间视线应距障碍物 0.2m 以上。

(2)导线起闭于 CPⅠ控制点,符合表 3-1 的规定。导线附合长度在 2km 以上时,应采用导线网方式布网,导线网的边数以 4~6 为宜。

洞内 CPⅡ导线测量主要技术要求　　　　　　表 3-1

控制网级别	附合长度(km)	边长(m)	测距中误差(mm)	测角中误差(″)	相邻点位坐标中误差(mm)	导线全长相对闭合差限差	方位角闭合差限差(″)	对应导线等级	备注
CPⅡ	L≤2	300~600	3	1.8	7.5	1/55000	±3.6$\sqrt{n}$	三等	单导线
CPⅡ	2<L≤7	300~600	3	1.8	7.5	1/55000	±3.6$\sqrt{n}$	三等	导线网
CPⅡ	L>7	300~600	3	1.3	5	1/100000	±2.6$\sqrt{n}$	隧道二等	导线网

注:导线网独立闭合环的边数以 4~6 为宜。

(3)采用标称精度不低于(1″,2mm + 2×10^{-6}mm)的全站仪施测,仪器在有效检定期内。

(4)观测前应先将仪器开箱放置 20min 左右,让仪器与洞内温度基本一致,并进行棱镜常数、温度(取位 0.2℃)、气压改正(取位 0.5hPa)。

(5)洞口测站观测选在夜晚或阴天进行,隧道洞内观测应充分通风,无施工干扰,避免尘雾。

(6)水平角观测的测回数及测站限差应符合表 3-2 的技术要求。

水平角方向观测法的技术要求　　　　　　表 3-2

导线等级	仪器等级	半测回归零差(″)	一测回内 2c 互差(″)	同一方向值各测回互差(″)	测回数
隧道二等	0.5″级仪器	4	8	4	6
隧道二等	1″级仪器	6	9	6	9
隧道二等	2″级仪器	8	13	9	—

(7)边长测量应符合表 3-3 二等导线测量的要求。

边长测量技术要求　　　　　　　表 3-3

等级	使用测距仪精度等级	每边测回数		一测回读数较差限值(mm)	测回间较差限值(mm)	往返观测平距较差限值
		往测	返测			
二等	Ⅰ	4	4	2	3	$2m_D$
	Ⅱ	4	4	5	7	

注:1. 一测回是全站仪盘左、盘右各测量一次的过程。
　　2. 测距仪精度等级划分如下:Ⅰ级,$|m_d|≤2mm$;Ⅱ级,$2mm<|m_d|≤5mm$。m_d 为测距仪标称精度下 1km 标准偏差。
　　3. $m_D = a + b×D$。其中,m_D 为仪器测距中误差(mm);a 为仪器固定误差(mm);b 为仪器比例误差(mm/km);D 为测距长度(km)。

导线成果计算应在方位角闭合差及导线全长相对闭合差满足要求后,采用严密平差模型的数据处理软件进行计算,平差后技术指标满足表 3-1 测距中误差、相邻点位中误差的要求;同一测区内,导线环(段)数超过 20 个时,按式(3-1)计算测角中误差:

$$m_\beta = \sqrt{\frac{1}{N}\left[\frac{f_\beta^2}{n}\right]} \tag{3-1}$$

式中:f_β——导线环(段)的角度闭合差(″);
　　　n——导线环(段)的测角个数;
　　　N——导线环(段)的个数。

子任务三　线路水准基点加密测量

一、路基、隧道段水准基点加密测量

采用二等水准测量对路基、隧道段水准基点进行线路水准基点加密测量,外业测量和内业数据处理应满足【子任务四】当中的二等水准加密测量的技术要求。

二、桥梁段水准基点加密测量

当桥面与地面间高差较大时(≥3m),水准测量方法传递线路水准基点高程到桥面上有困难时,采用不量仪器高和棱镜高的中间设站光电测距三角高程测量法传递,如图 3-1 所示。

全站仪应具自动目标识别功能,仪器标称精度不应低于 1″,$1mm + 2×10^{-6}mm$。为避免量取棱镜高,设置棱镜处建立墩柱,可采用 CPⅢ 专用强制对中标志。

中间设站光电测距三角高程测量外业观测应符合表 3-4 的规定。仪器与棱镜的距离一般不大于 100m,最大不得超过 150m,前、后视距差不应超过 5m。前后视必须是同一个棱镜且观测时棱镜高度不变。使用全站仪测量桥梁大致高度且已知仪器标称精度,可根据误差传播定律计算仪器到棱镜的优化距离。

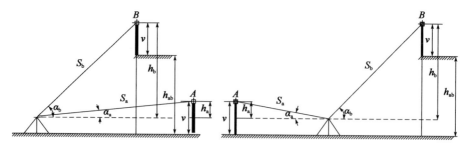

图 3-1 中间设站光电测距三角高程测量法

中间设站三角高程测量外业观测技术要求　　　表 3-4

垂直角测量				距离测量			
测回数	两次读数差（"）	测回间指标差互差（"）	测回差（"）	测回数	每测回读数次数	四次读数差（mm）	测回差（mm）
4	5.0	5.0	5.0	4	4	2.0	2.0

中间设站光电测距三角高程传递应进行两组独立观测，两组高差较差应不大于2mm，满足限差要求后，取两组高差平均值作为传递高差。

子任务四　加密测量成果报告编制

高速铁路精密控制网加密测量工作完成之后，应编制控制网加密测量成果报告，主要内容包括：

（1）工程概况

内容包括整体工程概况、施工标段工程概况和施工标段精密控制网概况。

（2）加密测量工作内容

内容包括加密测量工作量及加密测量工作预计时间、人员投入、设备投入等。

（3）技术依据

①《高速铁路工程测量规范》（TB 10601—2009）；

②《国家一、二等水准测量规范》（GB/T 12879—2006）；

③精密控制网复测技术方案；

④精密控制网技术交底材料；

⑤其他相关规范规定。

（4）坐标系统及高程基准

高速铁路精密控制网坐标系统采用工程独立坐标系，并描述参考椭球参数、投影分带中央子午线和抵偿投影面高程；高程采用1985国家高程基准。

（5）CPⅡ控制网加密测量

包括CPⅡ加密测量组网实施、CPⅡ加密测量数据处理。

（6）二等水准加密测量

包括二等水准加密测量主要技术要求、二等水准外业观测、内业计算及精度评定。

(7)提交成果

①CPⅡ加密测量坐标成果;

②二等水准加密测量高程成果;

③测绘人员职称及仪器检定证书。

本章课后习题

1. GNSS点位选取需满足哪些要求?

2. 隧道内加密CPⅡ点,点位选取需满足哪些要求?

3. 什么是中间设站光电测距三角高程测量法?将线路水准基点高程传递到桥上时,为什么不能量取仪器高和棱镜高?

4. 简述中间设站光电测距三角高程测量法的测量要求。

5. 隧道内加密CPⅡ点采用导线测量,角度观测需满足哪些技术要求?

6. 简述桥梁段水准基点加密测量技术要求,并画图表示。

7. 控制网加密测量成果报告主要内容有哪些?

任务四　线路施工测量

知识目标：
1. 了解线路工程初测与定测。
2. 掌握线路中边桩测设方法。
3. 掌握线路、路基施工图识读方法。
4. 掌握路基沉降监测方法。

能力目标：
1. 能测设线路中边桩。
2. 能测设挖方路基边坡。
3. 能正确识读线路、路基施工图。
4. 能进行路基沉降监测。

重、难点：
1. 圆曲线、缓和曲线计算。
2. 路基边坡测设。

规范依据：
1.《高速铁路工程测量规范》(TB 10601—2009)。
2.《国家一、二等水准测量规范》(GB/T 12897—2006)。
3.《铁路工程沉降变形观测与评估技术规范》(QCR 9230—2016)。

教学建议：
1. 总学时16课时,其中理论学时8课时,实训学时8课时。
2. 实训项目设置：
(1)线路施工图识读；
(2)线路中桩坐标计算；
(3)路基施工图识读；
(4)路基边桩测设。

高速铁路线路测量是指高速铁路线路在勘测设计、施工建设和运营管理三个工程阶段中所进行的测量工作。

高速铁路线路勘测的目的是为高速铁路的设计搜集所需资料(地形图、水文、地质、气象、地震等方面的资料)。

新建铁路建设不同阶段的测量工作：

（1）初步方案研究阶段

为初步方案研究阶段提供中、小比例尺地形图，设计人员根据线路等级、限制坡度、牵引种类、运输能力等重要技术标准在图上选线，并提出多个方案选线，经过室内研究、分析和对比，在线路的起、终点之间，找出在平面上直而短、在立面上坡度小的线路位置，以保证所选线路和工程在经济上合理、技术上可行。

（2）初步设计阶段——进行初测

初测的主要任务是在沿线范围内建立平面和高程控制网、测绘带状地形图，并收集沿线水文、地质等有关资料，为图上定线、编制比较方案等初步设计提供依据。传统的初测工作有：插大旗、导线测量、高程测量、地形图测量；现代初测工作可采用GNSS建立控制网和测绘地形图。初测在一条高速铁路线路的全部勘测工作中占有重要地位，它决定着高速铁路线路的基本方向。初测的目的是为了给高速铁路工程在勘测设计各个阶段提供充分、详细的地形图资料。

（3）施工图设计阶段——进行定测

定测为施工技术设计而做的勘测工作，它的主要任务是把上级部门批准的初步设计中所选定的线路中线测设到地面上，并进行线路的纵断面和横断面测量。它的目的是为了给施工技术设计提供所取得的资料，对线路全线和所有个体工程做出详细设计，并提供工程数量和工程预算。该阶段的主要工作是线路纵断面设计和路基设计，并对桥涵、隧道、车站、挡土墙等工程作出单独设计。

（4）在施工阶段——施工测量

线路施工测量是指在线路工程施工建设阶段，对线路中线和坡度按设计位置进行实地测设，包括施工控制网的布设和施测、施工导线测量、线路中线测设、水平曲线与竖曲线的测设和纵断面测量与横断面测量，以及竣工测量和验收测量。

子任务一 线路中线测量

初测与初步设计完成以后，将进行线路的定测与施工设计等工作。新线定测阶段的主要测量工作是中线测量、线路纵断面测量和线路横断面测量。中线测量包括放线和中桩测设。放线就是把图纸上设计出的中线各交点在实地标定出来，也就是把线路的交点、转点测设到地面上；中桩测设则是在已有交点、转点的基础上，详细测设直线和曲线，即在地面上详细钉出中线桩（百米桩、公里桩、加桩和曲线桩）。

定测阶段的主要工作之一就是中线测量，故需要了解由中线形成的线路平面线形。

一般来讲，路线以平、直最为理想。但实际上，由于受到地物、地貌、水文、地质及其他因素的限制，路线的平面线形必然有转折，即路线前进的方向发生改变。为了保持线路的圆顺，在改变方向的两相邻直线间须用曲线连接起来，这种曲线称为平面曲线。平面曲线包括圆曲线和缓和曲线两种。线路平面组成见图4-1。圆曲线是一段具有相同半径的圆弧；缓和曲线则是连接直线与圆曲线间的过渡曲线，其曲率半径由无穷大逐渐变化到圆曲线的半径。铁路干线的平面曲线都应加设缓和曲线，地方专线、厂内线路及站场内线路，由于行车速度不高时，可不设缓和曲线。

图 4-1 线路平面组成

道路中线测量是通过直线和平曲线的测设,将带状地形图上设计好的道路中线的平面位置用木桩在实地标定出来,并测定路线的实际里程。道路中线测量一般采用纸上定线,纸上定线即是在实地布设导线,测绘大比例尺地形图(1:1000 或 1:2000),在地形图上定出路线的位置,再到实地放线,把交点的位置定出来。道路中线测量是道路工程测量中的关键工作,它是测绘纵横断面图和平面图的基础,是道路设计、施工和后续工作的依据。

用木桩将道路中线位置在实地标定出来,这些桩称为中线桩。对线路起控制作用的桩称为线路控制桩,相邻直线段相交点的控制桩为交点桩(用 JD 表示),相邻交点不通视时需设立直线转点桩(用 ZD 表示)。

道路中线测量包括放线测量和中桩测设两部分工作。放线是指把地形图上设计好的道路中线直线段测设到实地;中桩测设是沿着直线和曲线详细测设中线桩。

一、放线测量

放线的任务是把中线上直线部分的控制桩(JD、ZD)测设到地面,以标定中线的位置。放线的方法有多种,常用的方法有拨角法、支距法、极坐标法和 GPS RTK(载波相位差分技术)等。可根据地形条件、仪器设备及纸上定线与初测导线距离的远近等情况,选择一种或几种交替使用。

1. 拨角法放线

拨角放线法是根据纸上定线交点和初测导线的坐标,反算线路中线的转折角以及交点与交点、交点与相近导线点的距离、坐标方位角;在实地将仪器置于中线起点或已经确定的交点上,拨出转角,测设直线的长度,依次定出各交点的位置。

拨角法放线的步骤:计算放线资料、实地放线、调整误差。

如图 4-2 所示,点 A、B、C、D、E、F 为初测导线点。在地形图上量出纸上定线交点 JD_1、JD_2、JD_3 的坐标,反算坐标方位角、边长、转折角,从而计算出拨角 β_1、β_2、β_3、β_4、β_5。在初测导线点 A 上安置经纬仪,瞄准 B 点,右拨角 β_1,量出 $A \rightarrow JD_1$ 长距离处打下钉有小钉的木桩标定出 JD_1 点。将经纬仪安置在 JD_1 上,瞄准 A 点,右拨角 β_2,量距 $JD_1 \rightarrow JD_2$ 长距离处打下钉有小钉的木桩标定出 JD_2 点。在 JD_2 处安置经纬仪,同样的操作步骤测设出 JD_3。在 JD_3 处联测初测导线点 F,测量角度 β_4、β_5 和 JD_3 到 F 的距离,联测的 JD_3 到 F 的方位角与纸上定线的理论方位角差值、距离相对闭合差应当符合表 4-1 的规定。

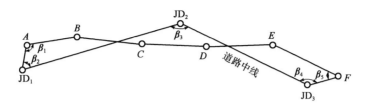

图 4-2 拨角法定线

中线联测闭合差的限差 表 4-1

线 路 名 称	方位角闭合差(″)	相对闭合差
铁路、一级及以上公路	$30\sqrt{n}$	1/2000
二级及以下公路	$60\sqrt{n}$	1/3000

拨角法工作量小,效率高,放线的中线的相对精度不受初测导线坐标值的影响,适用于测量导线点较少的线路。拨角法的缺点是会出现放样误差积累,为了保证测设的中线位置不至于偏离理论位置过大,需要每隔 5km 距离将中线与初测导线点联测,特殊情况下不大于 10km。图 4-2 中,在 JD₃ 处与初测导线点 F(或航测外控点、GNSS 点)进行联测,若闭合差符合限差的规定,应在联测处截断积累误差,使下一个放样点回到设计位置处。

2. 支距法放线

初测导线与纸上定线相距较近时,为控制好线路位置,可采用支距法放线。它是以初测导线点(或航测外控点、GNSS 点)为放样基准,分别测设出道路中线的各直线段,然后将相邻直线段延伸相交定出交点。支距法测设中线时,误差不会积累,但放线程序烦琐,工作量大。其工作程序为:计算放线数据、放点、穿线、定交点。

(1)计算放线数据

在带状地形图上选择合适的导线点,用尺子和量角器量取这些点到纸上定线的距离和角度。每条直线段应当选取三个以上的临时点,临时点一般选在通视良好、距导线点较近且便于测设的地方。如图 4-3 所示,A、B、C、…、K 为初测导线点。

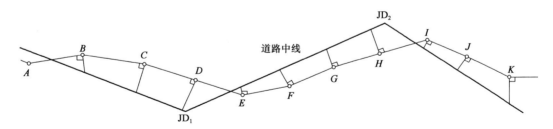

图 4-3 支距法定线

(2)放点

在实地寻找相应的导线点,根据计算的放线数据进行放点,利用经纬仪或方向架测设方向,用钢卷尺量出相应距离,插上花杆标定临时点位。

(3)穿线

由于放样数据的获取和放样均存在误差,则同一直线段上各临时点不共线,需采用目估法或经纬仪定出一条直线段,使这条直线段尽可能穿过或靠近临时点,这个多点定线的过程称为穿线。

(4)定交点

当确定相邻直线段后,如图4-4所示,在直线段上 B 点上安置经纬仪,盘左后视同一直线段另一点 A,倒转望远镜沿视线方向,在交点大概位置前后打两个木桩 a_1、b_1。盘右同样操作过程,打两个木桩 a_2、b_2。木桩 a_1、b_1、a_2、b_2 俗称"骑马桩"。以盘左、盘右两个盘位延长直线的方法称为正倒镜分中法。a_1 和 b_1,a_2 和 b_2 连线相交处打木桩,钉上小钉,即为交点(JD)。

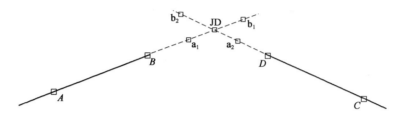

图4-4 骑马桩定交点

3. 极坐标法放线

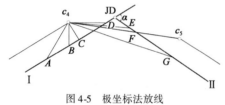

图4-5 极坐标法放线

它是利用光电测距仪测距速度快、精度高的特点,如图4-5所示,将全站仪安置在一个导线点上,后视另一个导线点,利用极坐标测设点位原理,可同时测设几条直线上的若干个点 A、B、…、G,大大提高了放线的效率。其距离、角度应通过坐标反算来确定,而且最后按照上述穿线的方法来确定直线段的位置。

4. GNSS RTK 法放线

GNSS RTK 法放线适合视野开阔的地址。设置好基准站及其参数以后,即可调用作业文件和放样菜单,利用流动站测设各交点桩 JD 和转点桩 ZD。GNSS RTK 法放线一次设站可以测设许多交点和转点,也需要经过穿线来确定交点和直线的位置。GNSS RTK 法放线的优点是速度快、精度高、测程长,待测设点与控制点无须通视,大大提高了放线效率。

二、中桩测设

放线测量工作完成以后,地面上已有了控制中心位置的交点桩 JD 和转点桩 ZD,依据 JD 桩和 ZD 桩,将中线桩详细测设在地面上的工作,称为中桩测设。它包括直线测设和曲线测设两部分。

随着全站仪和计算机技术的普及,全站仪极坐标法作为一种灵活、方便、迅速、受地形条件限制少、测量误差不累积、劳动强度小的线路中线测设方法,得到广泛应用。它是在传统中线测设方法的基础上发展起来的,正在逐渐取代传统的中线测设方法,随着 GNSS RTK 技术定位精度的逐步提高,已经发展到用 GNSS 坐标法测设中线。线路中线桩采用全站仪极坐标法、GNSS RTK 法测设已成为主流。这些方法的优点是作业时一步到位,提高了作业效率。本节先介绍直线测设,曲线部分的中桩测设放在后面章节中介绍。

1. 线路转折角的测量

道路中线的交点桩确定之后,还应测出线路在交点处的转折角,以便测设曲线。转折角是道路中线在交点处由一个方向转向另一个方向时,转变后的方向位于原方向延长线的夹角,用 α 表示,如图 4-6 所示。偏转后的方向位于原方向左侧时,为左转角,记为 $α_左$,当偏转后的方向位于原方向的右侧时,为右转角,记为 $α_右$。

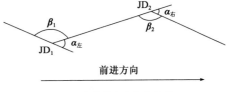

图 4-6 路线的左右角和转角

一般通过观测线路右侧的水平角 β 来计算转折角。观测时,将不低于 6″级的经纬仪安置在交点上,用测回法观测一个测回,上下半测回角度差的不符值视公路等级而定:一级公路限差为 ±20″,取位 1″;二级及以下公路限差为 ±60″,取位 30″(10″舍去,20″、30″、40″取 30″,50″进 1′)。合格后取盘左盘右的平均值,得到水平角 β。

当 β>180°时为左转角:
$$α_左 = β - 180°$$

当 β<180°时为右转角:
$$α_右 = 180° - β$$

相邻交点不通视时,设置转点桩,多采用花杆目测定线。

保护路线控制桩等重要的桩位需要保护,多设置护桩,采用距离交会恢复控制桩。

2. 线路里程桩的测设

为了确定线路中线的具体位置和路线的长度,满足后续纵横断面测量的需要,以及为后面路线施工放样打下基础,中线测量中需由路线起点开始每隔一定距离钉设木桩标志,桩点表示路线中线的具体位置。新建铁路应注明与既有铁路接轨站的里程关系。桩身正面为桩号,背面有编号,桩号表示该点到路线起始点的里程数,故又称为里程桩。由于路线里程桩一般设置在路线中线上,故也称为中桩。

路线起终点桩、公里桩、曲线要素桩、交点桩、断链桩等均属于路线控制桩,其应采用木质桩,断面不应小于 5cm×5cm,长度不应小于 30cm,桩上钉设小钉,表示其中心位置。标志桩是指路线中桩和指示桩,应采用木质或竹质桩,断面和长度同路线控制桩的要求。

里程桩分整桩和加桩两种。

线路中线的直线段和曲线段上,按表 4-2 要求桩距而设置的桩称为整桩,桩的里程桩号为整数,且为要求桩距的整倍数。一般采用 20m 或 50m 及其整倍数。当量距至每百米及每公里时,设置百米桩及公里桩。

直线或曲线路线中桩间距不应大于表 4-2 的规定。

中桩间距(m) 表 4-2

直 线		曲 线			
平原、微丘	重丘、山岭	不设超高的曲线	R>60	30<R<60	R<30
50	25	25	20	10	5

注:R 为平曲线半径(m)。

根据《高速铁路工程测量规范》(TB 10601—2009)规定:中线上应钉设公里桩和加桩。直线上中桩间距不宜大于 50m；曲线上中桩间距不宜大于 20m，如地形平坦时中桩间距可为 40m。在地形变化处或设计需要时，应设加桩。在各类特殊地点应设加桩。隧道顶宜根据专业调查的需要进行加桩；新建双线铁路在左右线并行时，应以左线钉设桩橛，并标注贯通里程。在绕行地段，两线应分别钉桩，并分别标注左右线里程；沿路线中线地势起伏突变处，横向坡度变化处及天然河沟等均需设地形加桩；在人工构造物处应设置地物加桩；曲线上设置起点、中点、终点设置曲线桩；在路线的土质变化处地质不良的起点、终点设置地质加桩；局部改线或事后发现量距计算发生错误，出现实际里程与桩号不一致的现象，这时需要在新老号变更处设断链桩，断链桩应在线路的直线段设置，桩号重叠为长链，桩号间断为断链。其他还有行政区域加桩和改扩建路加桩，等等。加桩应取位至 1m，特殊情况下可取位至 0.1m。

我国道路工程上中桩名采用汉语拼音首字母，详见表 4-3。

标志桩的简称与代号　　　　　　　　　　　　　　　　表 4-3

标志桩名称	简　称	拼音缩写	标志桩名称	简　称	拼音缩写
转角点	交点	JD	公切点	—	GQ
转点	—	ZD	第一缓和曲线起点	直缓点	ZH
圆曲线起点	直圆点	ZY	第一缓和曲线终点	缓圆点	HY
圆曲线中点	曲中点	QZ	第二缓和曲线起点	圆缓点	YH
圆曲线终点	圆直点	YZ	第二缓和曲线终点	缓直点	HZ

写有桩号的一面朝向路线起点方向，对于其控制作用的桩钉上小钉表示。改建桩位于坚硬地面上时采用大帽钢钉，在路旁设置指示桩，桩上注明距中线的横向距离、桩号，并以箭头指示中桩位置。在岩石做十字记号，在旁边写明桩号、编号等。

中线距离应用光电测距仪或钢尺往返测量，在限差以内时取平均值。百米桩、加桩的钉设以第一次量距为准。定测控制桩——直线转点、交点、曲线主点桩，一般都应用固桩。固桩可埋设预制混凝土桩或就地灌注混凝土桩，桩顶埋入铁钉。

3. 中桩测设精度要求

直线上中桩测设时，中桩间距不宜大于 50m，中线距离应用全站仪、光电测距仪或钢尺测量两次，在限差以内时取平均值。中桩测设的桩位误差不超过下列限差。

(1) 铁路、高速公路：纵向 $\leqslant \pm (S/2000 + 0.1)$ m；横向 $\leqslant \pm 10$ cm。

(2) 高速铁路：纵向 $\leqslant \pm (S/20000 + 0.01)$ m；横向 $\leqslant \pm 10$ cm。

其中，S 为相邻中桩间距离，以 m 计。

4. 直线上中桩的坐标计算

直线上中桩测设的基本原理为先计算出中桩坐标，再利用全站仪点位放样。也就是说，只要计算出铁路中桩在控制测量坐标系中的坐标，就可以利用全站仪的点位放样功能，方便地实现全站仪极坐标法测设中桩。直线段中桩，由交点坐标和桩号里程，按"坐标正算"公式(4-1)，可计算出各中桩的坐标。

$$\begin{bmatrix} X_i \\ Y_i \end{bmatrix} = \begin{bmatrix} X \\ Y \end{bmatrix} + \begin{bmatrix} S\cos\alpha \\ S\sin\alpha \end{bmatrix} \qquad (4-1)$$

其中，需要先求切线坐标方位角，通过相邻两交点进行坐标反算即可求得。其计算公式为：

$$\alpha = \arctan \frac{y_i - y_{i-1}}{x_i - x_{i-1}} \tag{4-2}$$

注意：坐标反算直接求得的是坐标象限角，还须根据直线所在象限将其转换为坐标方位角。

(1) 直线段中桩坐标的计算

如图 4-7 所示，各交点 JD 的控制测量坐标系坐标已知，按坐标反算公式，可求得线路相邻交点连线的坐标方位角和边长。

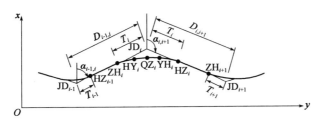

图 4-7 中桩坐标计算

HZ 点至 ZH 点为直线段，可先有下列公式计算出 HZ 点的坐标，通用公式如下：

$$\begin{bmatrix} X_{\text{HZ}i-1} \\ Y_{\text{HZ}i-1} \end{bmatrix} = \begin{bmatrix} X_{\text{JD}i-1} \\ Y_{\text{JD}i-1} \end{bmatrix} + \begin{bmatrix} T_{i-1}\cos\alpha_{i-1,i} \\ T_{i-1}\sin\alpha_{i-1,i} \end{bmatrix} \tag{4-3}$$

其中，$X_{\text{JD}i-1}$、$Y_{\text{JD}i-1}$ 为交点 JD_{i-1} 的坐标；T_{i-1} 为交点 JD_{i-1} 的切线长；$\alpha_{i-1,i}$ 为交点 JD_{i-1} 的切线长。

然后再计算直线上任意中桩的坐标，通用公式如下：

$$\begin{bmatrix} X \\ Y \end{bmatrix} = \begin{bmatrix} X_{\text{HZ}i-1} \\ Y_{\text{HZ}i-1} \end{bmatrix} + \begin{bmatrix} D\cos\alpha_{i-1,i} \\ D\sin\alpha_{i-1,i} \end{bmatrix} \tag{4-4}$$

其中，D 为待测设中桩点至 HZ_{i-1} 点的距离，即待测设中桩点里程与 HZ_{i-1} 点里程之差。

HZ_i 点为该直线的终点，其坐标还有另外一种算法，通用公式如下：

$$\begin{bmatrix} X_{\text{HZ}i} \\ Y_{\text{HZ}i} \end{bmatrix} = \begin{bmatrix} X_{\text{JD}i-1} \\ Y_{\text{JD}i-1} \end{bmatrix} + \begin{bmatrix} (D_{i-1,i} - T_i)\cos\alpha_{i-1,i} \\ (D_{i-1,i} - T_i)\sin\alpha_{i-1,i} \end{bmatrix} \tag{4-5}$$

其中，$D_{i-1,i}$ 为交点 JD_{i-1} 至交点 JD_i 的距离；T_i 为交点 JD_i 的切线长。

(2) 直线段边桩坐标的计算

计算边桩坐标是为了在进行线路施工时确定其填、挖边界线。在直线段，边桩应在线路垂线方向上；在曲线段，边桩应在线路法线方向上。

边桩坐标的计算应以中桩坐标为基础，根据左右边距（中桩至边桩的距离）和坐标方位角进行坐标正算，求出坐标增量，进而求出边桩坐标。根据上述计算所得中桩坐标，计算其相对应宽度为 D 的左右边桩则变得更为容易，只需将中桩点切线方位角减去或加上 $90°$ 即可得到道路边桩坐标方位角，据此则可用坐标正算方式算得左右边桩坐标。

由于直线段坐标方位角不发生变化，即该直线段上各点方位角都为 α，故直线段边桩坐标计算式为：

$$\begin{bmatrix} x \\ y \end{bmatrix} = \begin{bmatrix} X \\ Y \end{bmatrix} + D \begin{bmatrix} \cos(\alpha \pm 90°) \\ \sin(\alpha \pm 90°) \end{bmatrix} \qquad (4\text{-}6)$$

其中，X、Y 为中桩坐标；D 为边桩至中桩宽度；α 为直线起始方位角，当取方位角为 $\alpha - 90°$ 时，其结果为左边桩坐标，当取 $\alpha + 90°$ 时计算所得为右边桩坐标。

三、圆曲线测设

线路在中桩测设过程中，除了要进行直线部分的中桩测设，还需要进行曲线部分的中桩测设。本节将介绍圆曲线的测设方法。

高速铁路线路平面曲线分为两种类型：一种是圆曲线，主要用于专用线和行车速度不高的线路上；另一种是带有缓和曲线的圆曲线，铁路干线上均用此种曲线。

圆曲线是指具有一定半径的圆弧曲线，是路线最常用的曲线形式。高速铁路圆曲线测设一般分两步进行：首先测设曲线主点，即曲线的起点、中点和终点；然后在主点间进行中桩的详细测设。其中，详细测设需要按照规定的桩距设置方法测设曲线的各点。

1. 圆曲线主点的测设

（1）计算圆曲线主点测设要素

如图 4-8 所示，两相邻直线转角（线路转折角）为 α，选定其连接曲线圆曲线的半径为 R，这样，圆曲线和两直线段的切点位置 ZY 点、YZ 点便被确定下来，称为对圆曲线相对位置起控制作用的直圆点 ZY、圆直点 YZ 和曲中点 QZ 为圆曲线三主要点。我们称 R、α 以及具体体现三主要点几何位置的切线长 T、曲线长 L、外矢距 E 和切曲差（切线长和曲线长之差）D 为曲线六要素。只要知道了曲线六要素，便可于实地测放圆曲线。

现将圆曲线的主点要素加以介绍。α，转折角（实地测出）；R，曲率半径（设计给出）；T，切线长（计算得出）；L，曲线长（计算得出）；D，切曲差（计算得出）。

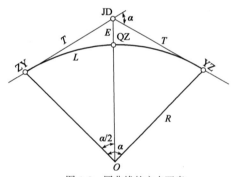

图 4-8 圆曲线的主点要素

测设圆曲线主点之前，要先计算圆曲线主点测设要素。

如图 4-8 所示，圆曲线的主点测设要素有切线长 T、曲线长 L、外矢距 E 和切曲差 D，它们的计算公式分别为：

$$\begin{cases} \text{切线长} & T = R \cdot \tan\dfrac{\alpha}{2} \\ \text{曲线长} & L = R \cdot \alpha \cdot \dfrac{\pi}{180°} \\ \text{外矢距} & E = R \cdot \left(\sec\dfrac{\alpha}{2} - 1\right) \\ \text{切曲差} & D = 2T - L \end{cases} \qquad (4\text{-}7)$$

其中，计算 L 时，α 为交点的转角，以弧度为单位。

在已知 α、R 的条件下,即可按式(4-7)计算曲线要素。它可用计算器求得,也可根据 α,R 由"铁路曲线测设用表"中查取。

(2)计算主点里程

交点的里程是根据实测数据得到的。交点的桩号测量后,加上圆曲线的测设元素,即可计算出各主点的里程。计算各主点的桩号里程公式为:

$$\begin{cases} ZY = JD - T \\ QZ = ZY + \dfrac{L}{2} \\ YZ = QZ + \dfrac{L}{2} \end{cases} \quad (4\text{-}8)$$

为了验证计算是否正确,可使用下列公式进行计算检核:

$$JD = YZ - T + D \quad (4\text{-}9)$$

检校:

$$JD \text{ 里程} = QZ \text{ 里程} + \dfrac{D}{2}$$

(3)圆曲线主点测设

将经纬仪安置在交点 JD_2 上(图4-9),瞄准里程减小方向相邻交点,用鉴定过的钢尺量取测站至该方向距离 T_2 长,定出 ZY_2 桩;瞄准里程增加方向线路终点(或相邻交点),量取测站至该方向距离 T_2 长,定出 YZ_2 桩。沿分角线 JD 到圆曲线圆心方向量取外矢距 E,测设出 QZ_2 点。切线长度往返测量,计算相对闭合差,限差应当符合规范中的规定,然后定出平均位置。

现阶段曲线测设主要采用全站仪或 GNSS 进行,而这两种方法所需测设资料是曲线点的坐标,故实施测设前必须计算曲线主点的坐标。

如图 4-9 所示,已知条件:起点、终点及各交点的坐标。

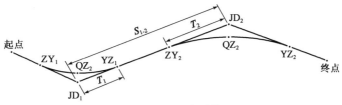

图 4-9 主点坐标计算

计算 ZY、YZ 点坐标,通用公式如下:

$$\begin{cases} X_{ZY_i} = X_{JD_i} - T_i \times \cos\alpha_{i-1,i} \\ Y_{ZY_i} = Y_{JD_i} - T_i \times \sin\alpha_{i-1,i} \end{cases} \quad (4\text{-}10)$$

$$\begin{cases} X_{YZ_i} = X_{JD_i} + T_i \times \cos\alpha_{i,i+1} \\ Y_{YZ_i} = Y_{JD_i} + T_i \times \sin\alpha_{i,i+1} \end{cases} \quad (4\text{-}11)$$

2. 圆曲线的详细测设

1)圆曲线上桩距的要求

如前所述,将主点测设到实地,但还不能满足后续施工的需要,所以需要在主点之间加密测设一些曲线点,这个测设加密曲线点的过程称为圆曲线的详细测设。曲线详细测设的桩距应不大于20m;当地势平坦且曲线半径不大于800m时,桩距可加大为40m;当半径小于100m时,桩距应不大于10m;半径小于30m时,桩距不应大于5m。在地形变化处或按设计需要应另设加桩,则加桩宜设在整米处。

按照桩距在曲线上设桩,通常有以下两种方法。

(1)整桩距法

将曲线上靠近圆曲线起点ZY的第一桩的桩号凑成整桩距倍数的整桩号,然后按照桩距连续向曲线中点YZ设桩,这样设置的中桩均为整桩号。

(2)整桩号法

从圆曲线的起点ZY或者终点YZ,分别以桩距连续向曲线中点QZ设桩。这样设置的桩均有零头桩号。注意用此方法时,不要忘记测设百米桩和公里桩。线路中线测量普遍使用整桩号法。当位于直线段或曲线的半径较大时,可将桩距确定为50m或更长,需根据具体的规范执行。

2)圆心坐标法

圆曲线测设的方法很多,具体可根据地形情况、工程要求、测设精度等灵活选用,下面主要介绍目前常采用的圆心坐标法。

圆心坐标法是通过曲线的起点ZY或终点YZ的坐标,先求解出圆心O坐标,由于圆曲线上圆心到任意圆曲线中桩的距离都是半径R,只要找到圆曲线任意点所对应的圆心角A,就可求解出圆心O到曲线任意点的方位角,通过"坐标正算",利用圆心坐标(x_0,y_0)计算出曲线上任意点的坐标。

(1)ZY点到圆心O的方位角计算:

$$\alpha_{ZY,O} = \alpha_{JD_{i-1},JD_i} \pm 90°(左偏取 -;右偏取 +) \quad (4-12)$$

(2)计算圆心坐标(X_0,Y_0):

$$\begin{cases} X_O = X_{ZY} + R \cdot \cos\alpha_{ZY,O} \\ Y_O = Y_{ZY} + R \cdot \sin\alpha_{ZY,O} \end{cases} \quad (4-13)$$

(3)计算圆曲线上任意点对应的圆心角A:

$$A = \frac{l}{R} \cdot \frac{180°}{\pi} \quad (4-14)$$

式中:l——圆曲线上任意一点距起点距离;

R——圆曲线的半径。

(4)计算圆曲线上任意点中桩的坐标:

$$\begin{cases} x = x_0 + R \cdot \cos(B \pm A) \\ y = y_0 + R \cdot \sin(B \pm A) \end{cases} \quad (4-15)$$

式中:(x_0,y_0)——圆曲线圆心坐标;

B——圆心到圆曲线起点的方位角(即$\alpha_{ZY,O} \pm 180°$);

A——任意点对应的圆心角,当线路转角为左偏时取" - ",右偏则取" + "。

3)偏角法

偏角法实质上是一种方向距离交会法。

偏角法测设曲线的原理：根据偏角和弦长交会出曲线点。如图4-10所示，由ZY点拨偏角方向与量出的弦长C交于1点，拨偏角与由1点量出的弦长C交于2点；同样方法可测设出曲线上的其他点。

(1) 偏角即弦切角。根据几何学，曲线偏角等于相应弦长对应圆心角的一半。如图4-11所示，i点为曲线上任意一点，$ZY-i$曲线长（里程之差）为l_i，圆曲线半径R，所对圆心角：

$$\varphi_i = \frac{l_i}{R} \cdot \frac{180°}{\pi} \qquad (4-16)$$

则相应的偏角：

$$\delta_1 = \frac{\varphi_i}{2} = \frac{l_i}{2R} \cdot \frac{180°}{\pi} \qquad (4-17)$$

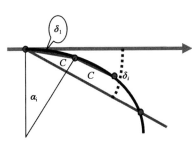
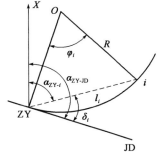

图4-10　偏角法　　　　图4-11　曲线坐标计算

当所测曲线各点间的距离相等时，以后各点的偏角则为第一个偏角δ_1的累计倍数。

$$\begin{cases} \delta_1 = \dfrac{\varphi_i}{2} = \dfrac{l_i}{2R} \cdot \dfrac{180°}{\pi} \\ \delta_2 = 2\delta_1 \\ \delta_3 = 3\delta_1 \cdots \\ \delta_n = n\delta_1 \end{cases} \qquad (4-18)$$

(2) 弦长C的计算。

严密计算公式：

$$C = 2R\sin\frac{\varphi_i}{2} = 2R\sin\delta \qquad (4-19)$$

近似计算公式：

$$C \approx l_i (弧长)$$

铁路曲线半径一般很大，20m的圆弧长与相应的弦长相差很小，如$R = 450$m时，弦弧差为2mm，两者的差值在距离丈量的容许误差范围内，因而通常情况下，可将20m的弧长当作弦长看待；只有当$R < 400$m时，测设中才考虑弦弧差的影响。

弦弧差（弦长与其相对应的曲线长之差）：

$$弦弧差 = K_i - C_i = \frac{l_i^3}{24R^2}$$

偏角增加的方向与水平度盘读数增加方向一致，即顺时针方向旋转拨角，称为"正拨"，否则为"反拨"。

(3)计算曲线点坐标。

首先计算坐标方位角：

$$\alpha_{ZY-i} = \alpha_{ZY-JD} \pm \delta_i \tag{4-20}$$

其中,当曲线左转时用"-",右转时用"+"。此时的已知数据为：

$$ZY(x_{ZY}, y_{ZY}) \text{、} \alpha_{ZY-i} \text{、} C$$

根据坐标正算原理：

$$x_i = x_{ZY} + C \times \cos\alpha_{ZY-i}$$
$$y_i = y_{ZY} + C \times \sin\alpha_{ZY-i} \tag{4-21}$$

圆曲线测设步骤如下：全站仪坐标放样,将曲线点及控制点坐标数据输入全站仪,在控制点上安置仪器,以相邻控制点为后视点,测设曲线点。

检核：在其他控制点上安置仪器,定向后实测各曲线点的坐标,并与计算值比较,若差值在允许范围内,则测设成果合格,否则说明测设错误,应查找原因予以纠正。

由于用全站仪极坐标法进行中桩测设时,实际的点位误差主要是测设时的测量误差,误差一般很小,完全能够达到精度要求,可不做调整。

《高速铁路工程测量规范》(TB 10601—2009)中规定,全站仪中线测量应符合下列要求：

(1)全站仪一般应直接置镜于定测控制网上测设。困难时,可从定测控制网上发展附合导线或支导线。附合导线按一级导线施测,支导线边数不应超过1条。

(2)全站仪极坐标法测设距离不宜大于400m。

四、缓和曲线测设

当列车以高速由直线进入曲线时,就会产生离心力。由于离心力的作用,使车辆向外侧倾斜,影响列车运行安全和影响旅客的舒适。为此要使曲线外轨比内轨高些(称为超高),使列车产生一个内倾力 F'_1,以抵消离心力的影响,如图4-12所示。为了解决超高引起的外轨台阶式升降,需在直线与圆曲线间加入一段曲率半径逐渐变比的过渡曲线,这种曲线称缓和曲线。另外,当列车由直线进入圆曲线时,由于惯性力的作用,使车轮对外轨内侧产生冲击力,为此,加设缓和曲线以减少冲击力。再者,为避免通过曲线时,由于机车车辆转向架的原因,使轮轨产生侧向摩擦,圆曲线的部分轨距应加宽,这也需要在直线和圆曲线之间加设缓和曲线来过渡。

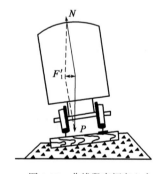

图4-12 曲线段车辆离心力

缓和曲线可采用回旋曲线(也称为辐射螺旋线)、三次抛物线、双组线等线形。目前,我国铁路系统中均采用回旋曲线作为缓和曲线。

(一)缓和曲线方程

1.缓和曲线的基本公式

在直线与圆曲线之间加设一段平面曲线,其曲率半径 ρ 从直线的曲率半径 ∞ (无穷大)逐渐变化到圆曲线的半径 R，这样的曲线称为缓和曲线。在此曲线上任一点 p 的曲率半径 ρ 与曲线的长度 l 成反比，见图 4-13，以公式表示为：

$$\rho \propto \frac{1}{l} \quad \text{或} \quad \rho \cdot l = C \tag{4-22}$$

式中：C——常数，称为曲线半径的变化率。

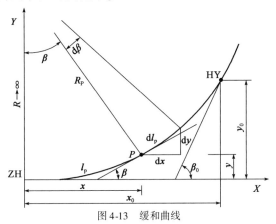

图 4-13 缓和曲线

当 $l = l_0$ 时，$\rho = R$，按式 (4-22) 有：

$$C = \rho \cdot l = R \cdot l_0 \tag{4-23}$$

式 (4-23) 中，l 为缓和曲线上任一点 p 到直缓 (ZH) 点的曲线长；R 为圆曲线半径；l_0 为缓和曲线总长度。式 (4-22) 或式 (4-23) 是缓和曲线必要的前提条件。

2. 切线角公式

如图 4-13 所示，设缓和曲线上任一点 P 的切线与起点 ZH 或 HZ 切线的交角为 β，称为切线角，可知切线角公式为：

$$\begin{cases} \beta = \dfrac{l^2}{2C} = \dfrac{l^2}{2RL_s}(\text{rad}) \\ \beta = \dfrac{l^2}{2RL_s} \cdot \dfrac{180°}{\pi}(°) \end{cases} \tag{4-24}$$

当 $l = l_s$ 时，缓和曲线全长 l_s 所对的中心角(切线角)β_0，也称为缓和曲线角，上式可写成：

$$\begin{cases} \beta_0 = \dfrac{L_s}{2R}(\text{rad}) \\ \beta_0 = \dfrac{L_s}{2R} \cdot \dfrac{180°}{\pi}(°) \end{cases} \tag{4-25}$$

在设计缓和曲线时，切线角不能大于线路转折角的一半。

3. 缓和曲线的参数方程

如图 4-14 所示，设缓和曲线起点为原点，过原点指向 JD 的切线方向为 x 轴，其半径指向为 y 轴，建立坐标系，任一点 P 的坐标为 (x, y)，则缓和曲线参数方程为：

$$\begin{cases} x = l - \dfrac{l^5}{40R^2 l_s^2} + \dfrac{l^9}{3456 R^4 l_s^4} - \cdots \\ y = \dfrac{l^3}{6R l_s} - \dfrac{l^7}{336 R^3 l_s^3} + \cdots \end{cases} \tag{4-26}$$

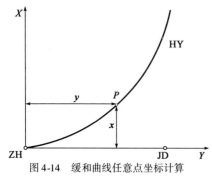

当圆曲线半径较大时,高速铁路实际应用时,一般略去高次项,x 只取前三项,y 取前两项即可。$C = R \cdot l_0$,当 $l = l_s$ 时,则缓和曲线终点 HY(或 YH)的坐标 (x_0, y_0) 为:

$$\begin{cases} x_0 = l_s - \dfrac{l_s^3}{40R^2} + \dfrac{l_s^5}{3456R^4} \\ y_0 = \dfrac{l_s^2}{6R} - \dfrac{l_s^5}{336R^3} \end{cases} \quad (4\text{-}27)$$

图 4-14 缓和曲线任意点坐标计算

4. 内移距 p、切垂距 q

铁路曲线中缓和曲线插入方法一般采用在不改变曲线段方向和保持圆曲线半径不变的条件下,插入到直线段和圆曲线之间,即转折角不变(两直线方向不变),圆曲线半径不变则圆心内移。

从图 4-15 中可看出,在直线和曲线之间插入缓和曲线,必须将原有的圆曲线向内移动距离 p,圆心由 O 移动到 O_1,才能使缓和曲线的起点位于直线方向上。插入缓和曲线之后,使原来的圆曲线长度变短了。

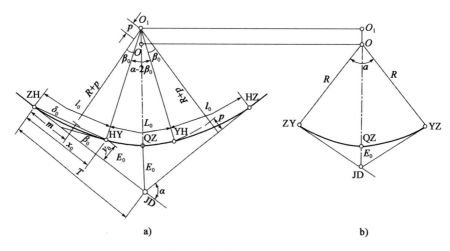

图 4-15 缓和曲线加设前后

插入缓和曲线之后,曲线主点有 5 个,它们是:直缓点 ZH、缓圆点 HY、曲中点 QZ、圆缓点 YH 及缓直点 HZ。

内移距 p 和切垂距 q 计算公式为:

$$\begin{cases} p = \dfrac{l_s^2}{24R} - \dfrac{l_s^4}{2688R^3} \\ q = \dfrac{l_s}{2} - \dfrac{l_s^3}{240R^2} \end{cases} \quad (4\text{-}28)$$

由此可知,内移距 p 等于缓和曲线中点纵坐标 y 的两倍;切垂距 q 为缓和曲线长度的一半,缓和曲线的位置大致是一半占用直线部分,另一半占用原圆曲线部分。

(二)圆曲线带有缓和曲线的主点测设

1. 曲线测设元素的计算

当测得转角 α,圆曲线的半径 R 和缓和曲线全长 l_s 后,即可按照式(4-25)及式(4-28)计算出切线角、内移距 p 和切垂距 q。在此基础上,可计算曲线的测设元素。如图4-15所示,曲线的测设元素可按下列公式计算:

$$\begin{cases} 切线长:T_H = (R+p) \cdot \tan\frac{\alpha}{2} + m \\ 曲线长:L_H = L_Y + 2l_s = R(\alpha - 2\beta_0)\frac{\pi}{180°} + 2l_s \\ 圆曲线长:L_Y = R(\alpha - 2\beta_0)\frac{\pi}{180°} \\ 外矢距:E_H = (R+p)\sec\frac{\alpha}{2} - R \\ 切曲差:D_H = 2T_H - L_H \end{cases} \quad (4\text{-}29)$$

其中,T_H、L_H、$E_H = F(\alpha, R, l_s)$,也可通过查《铁路曲线测设用表》得到。

2. 带缓和曲线的圆曲线的主点测设

根据交点的里程和曲线测设元素,计算主点的里程。

$$\begin{cases} 直缓点 \text{ZH} 里程:\text{ZH} 里程 = \text{JD} 里程 - 切线长 T_H \\ 缓圆点 \text{HY} 里程:\text{HY} 里程 = \text{ZH} 里程 - 缓和曲线长 l_s \\ 圆缓点 \text{YH} 里程:\text{YH} 里程 = \text{HY} 里程 + 圆曲线长 L_Y \\ 缓直点 \text{HZ} 里程:\text{HZ} 里程 = \text{YH} 里程 + 缓和曲线长 l_s \\ 曲中点 \text{QZ} 里程:\text{QZ} 里程 = \text{HZ} 里程 + \frac{1}{2} 曲线长 L_H \end{cases} \quad (4\text{-}30)$$

校核:

$$交点里程 \text{JD} = 曲中点里程 \text{QZ} + \frac{1}{2}切曲差 D_H。$$

主点 ZH、HZ 和 QZ 的测设方法与圆曲线主点的测设方法相同。

3. 缓和曲线局部坐标计算

(1)局部坐标计算

①缓和曲线段。缓和曲线段上各待定点坐标(x,y)按缓和曲线参数方程(4-26)计算出。

②圆曲线线段。圆曲线段上各待定点坐标,可按图4-16写出。

$$\varphi_i = \frac{l}{R} \times \frac{180°}{\pi}$$

$$\begin{cases} x = R \cdot \sin\varphi_i \\ y = R - R \cdot \cos\varphi_i \end{cases} \quad (4\text{-}31)$$

式中:l——圆曲线上的点到圆曲线起点的弧长(里程差)。

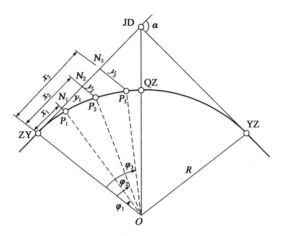

图 4-16 圆曲线局部坐标

（2）中桩坐标计算

①直线段坐标计算式：

$$\begin{bmatrix} X_p \\ Y_p \end{bmatrix} = \begin{bmatrix} X \\ Y \end{bmatrix} + \begin{bmatrix} S\cos\alpha \\ S\sin\alpha \end{bmatrix} \qquad (4\text{-}32)$$

②第一缓和曲线段：

$$\begin{bmatrix} X_p \\ Y_p \end{bmatrix} = \begin{bmatrix} X_{ZH} \\ Y_{ZH} \end{bmatrix} + \begin{bmatrix} \cos\alpha_{ZH-JD} & -\sin\alpha_{ZH-JD} \\ \sin\alpha_{ZH-JD} & \cos\alpha_{ZH-JD} \end{bmatrix} \begin{bmatrix} x' \\ y' \end{bmatrix} \qquad (4\text{-}33)$$

③第二缓和曲线段：

$$\begin{bmatrix} X_p \\ Y_p \end{bmatrix} = \begin{bmatrix} X_{HZ} \\ Y_{HZ} \end{bmatrix} + \begin{bmatrix} \cos\alpha_{HZ-JD} & -\sin\alpha_{HZ-JD} \\ \sin\alpha_{HZ-JD} & \cos\alpha_{HZ-JD} \end{bmatrix} \begin{bmatrix} x' \\ y' \end{bmatrix} \qquad (4\text{-}34)$$

除了上述采用的可以通过全站仪进行中线测量，还可以采用 GPS RTK 进行中线测量，但需要注意以下几点：参考站宜设于已知平面和高程控制点上；求解基准转换参数时，公共点平面残差应控制在 1.5cm 以内，高程残差应控制在 3cm 以内；中桩放样坐标与设计坐标较差应不大于 5cm。中线测量完成后，应输出下列成果：中桩点的平面坐标和高程、中桩点的平面高程精度和中桩点放样坐标较差。

子任务二　路基施工测量

在施工阶段，线路施工测量的主要任务是将线路施工桩点的平面位置和高程测设于实地。高速铁路路基施工要认真谨慎，因为路基施工质量的好坏对于整个高速铁路的正常使用关系重大，它既是路面的基础，又是路线的主体。在路基的施工中，必须高标准、高质量地完成每一个环节，严格要求每一个阶段性工作，确保施工的顺利完成。而在路基施工过程中，施工测量是重要的一环，是保证整个道路圆满完成的重要基础。路基施工测量主要包括路基定测横断面测量和线路复测、路基边桩测设、竣工测量。

一、路基定测横断面测量

铁路新线的初测和定测阶段都要进行高程测量。它包括水准点高程测量和中桩高程测量。中线测量将设计线路中线的平面位置标定在实地以后,还需要进行道路纵横断面测量,为施工设计提供详细资料。

(一)纵断面图的绘制

纵断面图是表示线路中线方向的地面起伏和设计纵坡的线状图,它反映中线方向的地面起伏,又可在其上进行纵坡设计,是线路设计和施工的重要资料,也是线路纵向设计的依据。如图4-17所示,在图的上半部,从左至右绘有两条贯穿全图的线,表示带有竖曲线在内的经纵坡设计后的中线,是纵坡设计时绘制的。

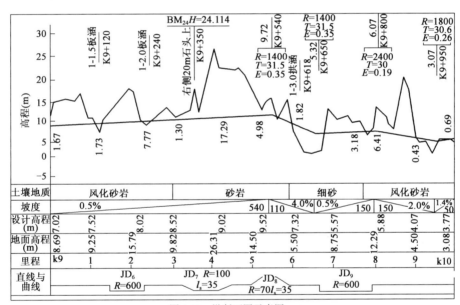

图4-17 纵断面图示意图

此外,在图上还有水准点位置、编号和高程,桥涵的类型、孔径、跨数、长度、里程桩号和设计水位,竖曲线示意图及其曲线元素,同某公路、铁路交叉点的位置、里程和有关说明等。在图4-17的下部几栏表格中,注记有关测量和纵坡设计的资料,其中包括以下几项内容。

(1)直线与曲线。直线与曲线为中线示意图,曲线部分用直角的折线表示,上凸的表示右偏,下凸的表示左偏,并注明交点编号和曲线半径。

(2)里程一般按比例标注百米桩和公里桩,里程比例一般有1:1000、1:2000或1:5000,为突出地面坡度变化,一般高程比例尺比里程比例尺大10倍。

①地面高程,按中平测量成果填写相应里程桩的地面高程。

②设计高程,按中线设计纵坡计算的路基的高程。根据设计纵坡坡度 i 和相应的水平距离 D_{ab},按下式便可从 A 点的高程 H_A 推算 B 点的高程:

$$H_B = H_A + iD_{ab}$$

(3)坡度。从左至右向上斜的线表示上坡(正坡),下斜的线表示下坡(负坡),斜线上以百分数注记坡度的大小,斜线下为坡长,水平路段坡度为零。

(4)土壤地质,标明路段的土壤地质情况。

(二)横断面图的绘制

横断面测量的任务是测定中桩两侧垂直于中线方向的地面起伏,然后绘制横断面图,供路基设计、土石方量计算和施工放边桩之用。路基定测横断面间距一般为20m,不同线下基础之间过渡段范围应加密为5~10m。在曲线控制桩、百米桩和线路纵、横向地形明显变化以及大中桥头、隧道洞口、路基支挡及承载结构物起讫点等处,应测设横断面。进行横断面测量首先要确定横断面的方向,然后在此方向上测定中线两侧地面坡度变化点的距离和高差。

1.路基路面设计的基本参数

路基路面的设计计算参数主要包括路基宽度、路面宽度、排水沟宽度(梯形排水沟的边坡坡度)、填挖高度、路堤、路堑的边坡坡度、路基的超高和加宽等基本参数,如图4-18所示。

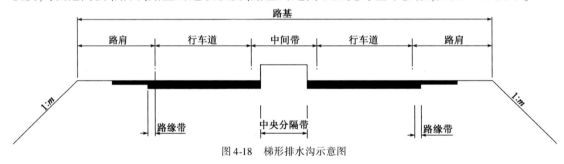

图4-18 梯形排水沟示意图

2.横断面方向的测定

直线段横断面方向是与路中线相垂直的方向,一般用方向架测定,如图4-19所示,将方向架置于中桩点上,以其中一方向对准路线前方(或后方)某一中桩,则另一方向即为横断面施测方向。

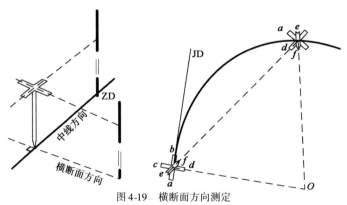

图4-19 横断面方向测定

3.横断面测量方法

横断面测量中的距离和高差一般准确到0.1m,即可满足工程的要求。因此横断面的测量方法多采用简易的测量工具和方法，以提高工作效率。下面介绍几种常用的方法。

(1) 标杆皮尺法

如图 4-20 所示，A、B、C 为横断面方向上所选定的变坡点，施测时，将标杆立于 A 点，皮尺靠中桩地面拉平，量出至 A 点的平距，皮尺截取标杆的高度即为两点的高差，同法可测出 A 至 B、B 至 C 等测段的距离和高差，此法简便，但精度较低。

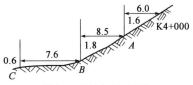

图 4-20 横断面示意图(尺寸单位:m)

(2) 水准仪皮尺法

当横断面测量精度要求较高，横断面方向高差变化不大时，多采用此法。施测时用钢尺(或皮尺)量距，水准仪后视中桩标尺，求得视线高程后，再分别在横断面方向的坡度变化点上立标尺，视线高程减去前视点读数，即得各测点高程。

(3) 全站仪法

在地形复杂横坡较陡的地段，可采用此法。通过输入仪器高和后视镜高，直接读取全站仪测点，然后减去前视镜高。

横断面测量中高速铁路中一般采用水准仪、经纬仪、全站仪法，但检测限差应符合规定。横断面的测量误差符合表 4-4 规定。

横断面测量限差(m)　　　　　　　　　　　　表 4-4

线 路 名 称	距　离	高　差
高速铁路	$\pm(L/100+0.1)$	$\pm(L/1000+h/100+0.2)$

注：h 为检测点至线路中桩的高差(m)；L 为检测点至线路中桩的水平距离(m)。

根据横断面测量成果，在 AutoCAD 上绘制横断面图，距离和高程取同一比例尺(通常取 1:100 或 1:200)，一般是在野外边测边绘，这样便于及时对横断面图进行检核。绘图时，先在图纸上标定好中桩位置，然后由中桩开始，分左右两侧逐一按各测点间的距离和高程绘于图纸上，并用直线连接相邻点，即得该中桩的横断面图。图 4-21 为横断面图上绘有设计路基横断面的图形。

(三) 土石方工程量计算

横断面图画好后，经路基设计，现在透明纸上按与横断面图相同的比例尺分别绘制出路堑、路堤和半填半挖的路基设计线称为标准断面图，然后按纵断面图上该中桩的设计高程把标准断面图套到该实测的横断面图上，俗称"套帽子"；也可将路基断面设计线直接画在横断图上，绘制成路基断面图。图 4-22 所示为半填半挖的路基断面图，通过计算断面图的填、挖断面面积及相邻中桩间的距离，便可以计算出施工的土石方量。

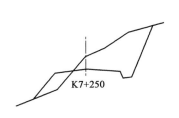

图 4-21 绘有设计路基横断面的图形

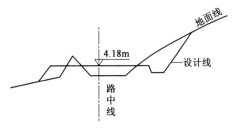

图 4-22 半填半挖的路基断面图

路基填、挖面积,就是横断面图上原地面线与路基设计线所包围的面积。横断面面积一般为不规则的几何图形,计算方法有积距法、几何图形法、求积仪法、坐标法和方格法等,常用的有积距法和几何图形法,现做简单介绍:

(1) 积距法

积距法是单位横宽 b 把横断面划分为若干个梯形和三角形条块,见图4-23,则每一个小条块的近似面积等于其平均高度 h_i 乘以横距 b,断面积总和等于各条面积的总和,即:

$$A = h_1 b + h_2 b + \cdots + h_n b = b \sum_{i=1}^{n} h_i$$

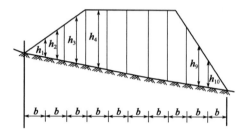

图4-23 积距法测量横断面面积

通常横断面图都是测绘在方格纸上,一般可取粗线间距1cm为单位,如测图比例尺为1:500,则单位横距 b 即为5m,按上式即可求得断面面积。

平均高差总和 $\sum h_i$ 可用"卡规"求得,如填挖断面较大时,可改用纸条,即用厘米方格纸折成在条作为量尺量得。该法计算迅速,简单方便,可直接得出填挖面积。

(2) 几何图形法

几何图形法是当横断面地面较规则时,可分成几个规则的几何图形,如三角形、梯形或矩形等,然后分别计算面积,即可得出总面积值。另外,计算横断面面积时,应注意:将填方面积 A_t 和挖方面积 A_w 分别计算;计算挖方面积时,边沟在一定条件下是定值,故边沟面积可单独计算出直接加在挖方面积内,而不必连同挖方面积一并进行积距计算;横断面面积计算取值到0.1mm,算出后可填写在横断面图上,以便计算土石方量。

二、线路施工测量

铁路线路施工时,测量工作的主要任务是测设出作为施工依据的桩点的平面位置和高程。这些桩点是指标志线路中心位置的中线桩和标志路基施工界线的边桩。线路中线桩在定测时已标定在地面上,它是路基施工的主轴线,但由于施工与定测间相隔时间较长,往往会造成定测桩点的丢失、损坏或位移。因此在施工开始之前,必须进行中线的恢复工作和水准点的检验工作,检查定测资料的可靠性和完整性,这项工作称为线路复测。在线路复测后,路基施工前,对中线的主要控制桩应钉设护桩。由于施工中经常需要找出中线位置,而施工过程中经常发生中线桩被碰动或丢失,为了迅速又准确地把中线恢复在原来位置,必须对交点、直线转点及曲线控制桩等主要桩点设置护桩。

修筑路基之前,需要在地面上把路基施工界线标定出来,这些桩称为边桩;测设边桩的工作称为路基边坡放样。

(一) 恢复中线

线路施工测量主要是测设作为施工依据的桩的平面位置和高程。这些桩点是指标定线路中线位置的中线桩和标定路基施工范围的边桩。线路中线桩是在定测阶段标定到实地的,但由于定测时间与施工时间相隔过长,往往会造成中线桩的丢失、损毁或移动,因此在施工开始之前需要进行中线恢复工作。恢复中线的方法和线路定测阶段标定中线的方法基本相同，进行恢复中线工作前，应当对使用的已知坐标成果进行复测检核。

对于部分改线地段，应重新定线，并测绘相应的纵横断面图。

(二) 设置护桩

施工过程中经常需要标定出中线的位置，而施工过程中有经常发生中线桩被碰动或丢失的情况，为了迅速把中线恢复到正确的位置，必须对交点、直线转点以及曲线控制桩等主要桩点设置护桩。

设置护桩的方法主要有3种：相交法、延长法和交会法，如图4-24所示。每个方向上的护桩不应少于3个，以保证当其中一个护桩不能用时，使用另外两个护桩仍能恢复中线桩。

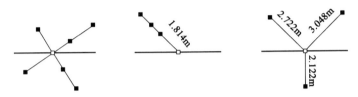

图 4-24 护桩的设置

护桩的位置应选在施工范围以外，以防护桩受到施工作业的影响。

(三) 路基边桩的测设

路基边桩测设就是把设计路基的边坡线与原地面线相交的点测设出来，在地面上钉设木桩(称为边桩)，以此作为路基施工的依据。将每一个横断面的设计路基边坡线与实际地面的交点用木桩标定出来，边桩的位置由两侧边桩至中桩的距离来确定，常用的放样方法如下：

1. 解析法

此法是根据路基填挖高度、边坡高、路基宽度和横断面地形情况，先计算出路基中心桩至边桩的距离，然后在实地沿横断面方向按距离将边桩放出来。具体方法有以下几种：

(1) 平坦地区的边桩放样

如图4-25a)所示为填方路堤，坡脚桩至中桩的距离为：

$$D = \frac{B}{2} + mH$$

图4-25b)所示为挖方路堑，路堑中心桩至边桩的距离为：

$$D = \frac{B}{2} + S + mH$$

上述式中，B 为路基宽度；m 为边坡率(1:坡度)；H 为填挖高度；D 为路堑边沟顶宽。

(2) 倾斜地区的边坡放样

在倾斜地段边坡至中桩的平距随着地面坡度的变化而变化，如图4-26a)所示是路堤坡脚至中桩的距离 $D_上$ 与 $D_下$，分别为：

$$D_\text{上} = \frac{B}{2} + m(H - h_\text{上})$$

$$D_\text{下} = \frac{B}{2} + m(H + h_\text{下})$$

如图4-26b)所示,路堑坡顶至中桩的距离 $D_\text{上}$ 与 $D_\text{下}$ 分别为:

$$D_\text{上} = \frac{B}{2} + s + m(H + h_\text{上})$$

$$D_\text{下} = \frac{B}{2} + s + m(H - h_\text{下})$$

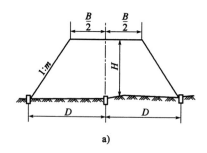
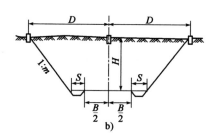

图4-25 平坦地区的边桩放样

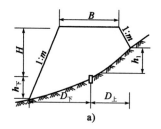
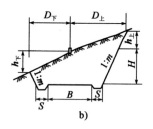

图4-26 倾斜地区的边坡放样

其中,$h_\text{上}$ 与 $h_\text{下}$ 分别为上、下侧坡脚(或坡顶)至中桩的高差,B、S 和 m 为已知,故 $D_\text{上}$ 与 $D_\text{下}$ 随 $h_\text{上}$ 与 $h_\text{下}$ 变化而变化。由于边桩未定,所以 $h_\text{上}$ 与 $h_\text{下}$ 均为未知数。实际工作中,采用"逐点趋紧法",在现场边测边标定。如果结合图解法,就更为简便。

2. 图解法

地势比较平坦,横断面测绘精度较高。可以在路基横断面设计图上直接量取中桩到边桩的距离,然后在现场进行放样,如图4-27所示。

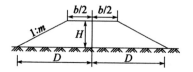
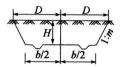

图4-27 图解法边桩测设

3. 试探法

地面横向坡度起伏较大,两侧边桩到中桩的距离相差较大时使用,如图4-28所示。

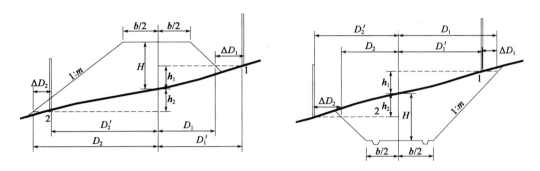

图4-28 试探法边桩测设

(四) 路基边坡的测设

在测设出边桩后,为保证填、挖的边坡达到设计要求,还应把设计的边坡在实地标定出来,以便施工。

(1) 用竹竿、绳索测设边坡:如图4-29所示,O为中桩,A、B为边桩,C、D为路基宽度。测设时在C、D处竖立竹竿,于高度等于中桩填土高度H处C'、D'用绳索连接,同时由C'、D'用绳索连接到边桩A、B上。当路堤填土不高时,可挂一次线。当填土较高时,如图4-29所示可分层挂线。

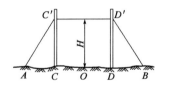 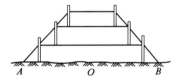

图4-29 路基边坡测设

(2) 用边坡样板测设边坡:施工前按照设计边坡样板,施工时按照边坡样板进行测设。

①用活动边坡尺测设边坡:如图4-30所示,当水准器气泡居中时,边坡尺的斜边所指示的坡度正好为设计坡度,可依此来指示与检验路堤的填筑,或检核路堑的开挖。

②用固定边坡样板来测设边坡:如图4-30所示,在开挖路堑时,于坡顶外侧按设计坡度设立固定样板,施工时可随时指导施工并检核开挖和修整情况。

(五) 竣工测量

在路基土石方工程完工之后,铺轨之前应当进行线路竣工测量。它的任务是最后确定线路中线位置,作为铺轨的依据;同时检查路基施工质量是否符合设计要求。它的内容包括中线测量、高程测量和横断面测量。

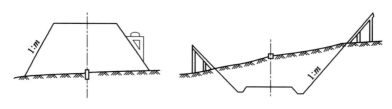

图 4-30　用边坡样板测设边坡

(1) 中线测量

首先根据护桩将主要控制点恢复到路基上,进行线路中线贯通测量;在有桥、隧的地段,应从桥梁、隧道的线路中线向两端引测贯通。贯通测量后的中线位置,应符合路基宽度和建筑物接近限界的要求;同时中线控制桩和交点桩应固桩。

对于曲线地段,应支出交点,重新测量转折角值;当新测角值与原来转折角之差在允许范围内时,仍采用原来的资料;测角精度与复测时相同。曲线的控制点应进行检查,曲线的切线长、外矢距等检查误差在 1/2000 以内时,仍用原桩点;曲线横向闭合差不应大于 5cm。

中线上,直线地段每 50m、曲线地段每 20m 测设一桩;道岔中心、变坡点、桥涵中心等处均需钉设加桩;全线里程自起点连续计算,消灭由于局部改线或假设起始里程而造成的里程不能连续的"断链"。

(2) 高程测量

竣工测量时,应将水准点移设到稳固的建筑物上,或埋设永久性混凝土水准点;其间距不应大于 2km;其精度与定测时要求相同;全线高程必须统一,消灭因采用不同高程基准而产生的"断高"。

中桩高程按复测方法进行,路基高程与设计高程之差不应超过 5cm。

(3) 横断面测量

主要检查路基宽度,侧沟、天沟的深度,宽度与设计值之差不得大于 5cm;路堤护道宽度误差不得大于 10cm。若不符合要求且误差超限者应进行整修。

子任务三　路基沉降监测

路基沉降观测的主要目的包括根据测定数据调整填土速率,预测沉降趋势,确定预压卸载时间、结构物及路面施工时间,提供施工期间沉降土方量的计算依据。

对所有路堤的地基沉降采用在地基表面埋设沉降板测试,路基面沉降采用在路基表面埋设观测桩测试,路堤和地基分层沉降采用钻孔埋设沉降磁环测试。松软土地基段路基观测断面按设计要求设置,施工中保护好埋设的观测器件。选择代表性断面采用测斜管进行地基水平位移观测、坡脚边桩水平位移观测,采用孔压计进行孔隙水压力观测。

路堤填筑后,应对路基沉降进行系统的监测与分析评估,监测断面沿线路方向的间距一般不大于 50m,过渡段和地形地质条件变化较大的地段应适当加密。在路基完成或施加预压荷载后应有不少于 6 个月的观测和调整期,分析评估沉降稳定满足设计要求后,方可铺设轨道。

路基工程施工期间成立沉降监测小组,配备符合精度要求的监测仪器及设施,沿线路连续系统地进行地基沉降的动态监测,并根据填筑速率和监测情况及时进行沉降分析,以便控制路堤填筑速度,保证填筑路堤的稳定性。并根据监测情况分析确定路基面填筑高程,预测工后沉降量,为确定何时开始轨道工程施工提供依据。

一、参照执行的标准及规范

(1)《铁路工程测量规范》(TB 10101—2018);
(2)《高速铁路工程测量规范》(TB 10601—2009);
(3)《铁路工程沉降变形观测与评估技术规范》(QCR 9230—2016)。

二、路基沉降观测断面设置原则

(1)路基沉降观测断面的设置及观测断面的观测内容根据沉降控制要求、地形地质条件、地基处理方法、路堤高度、堆载预压、填挖断面等具体情况并结合施工工期确定,同时还需根据施工核对的地质、地形等情况调整或增设。

(2)观测断面一般按以下原则设置,同时满足设计文件要求:

①路基沉降观测断面沿线路方向的间距一般不大于50m;地势平坦、地基条件均匀良好的路堑、高度小于5m的路堤可放宽到100m;过渡段和地形地质条件变化较大地段应适当加密。

②路桥、路隧、路涵等过渡段,在不同结构物起点5~10m处、距起点20~30m、50m处各设一个断面。涵洞两侧2m处各设一观测断面,涵洞中心里程路基面应设置一个断面。

三、路基沉降观测点设置原则

(1)各部位观测点设在同一横断面上,这样有利于测点看护,便于集中观测,统一观测频率,更重要的是便于各观测项目数据的综合分析。

(2)路基沉降监测分为完整的沉降监测断面和一般的沉降监测断面。完整的沉降监测断面包括:在路基底部预埋一个单点数码沉降计及路基面沉降监测桩,或一个剖面沉降检测管;一般的沉降监测断面只有路基面设置沉降监测桩。

(3)正线路堤地段,一般每100m设一个完整的沉降监测断面,中间50m一个一般的沉降监测断面。过渡地段监测断面需加密。一般桥路过渡段,在距台尾5m处各设一个完整的沉降观测断面,1m、20m、30m等处各设一个一般的沉降观测断面。涵洞等横向构筑物,在涵洞一侧(最好在填土较高一侧)5m处设一个完整的沉降观测断面。完整的沉降监测断面除按过渡段及距离确定外,还应选择路基较高,或加固较深的断面。

(4)正线路堑地段,及地质条件简单且路堤不高时,每50m设置一个一般的沉降监测断面。工点较短时,按填、挖分别设置。

四、沉降监测项目

为达到满足动态设计需要、满足施工组织需要,以及满足作为控制工后沉降量的依据,路

基沉降监测的主要项目有:

(1)地基面沉降监测

在地基处理结束或原地面处理后路基填筑前,按照设计要求,在规定的观测断面上设置沉降板、定点式剖面沉降测试压力计、剖面沉降管等,通过测量确定地基面的沉降量。并根据监测结果绘制"填土高-时间-沉降量"关系曲线图,分析地基变形发展趋势,判定地基的稳定,指导设计与施工。

(2)路基面沉降监测

在路基填筑至设计高程后,在设计规定的监测断面上,按设计要求打入钢钎桩,通过测量监测桩顶的高程变化,确定路基面的沉降量。

(3)地下水水位监测

沿线路基段落设置水位井,以监测路基填土和堆载预压过程中,地下水水位的变化情况。

五、观测要求

(1)观测频率要求

路堤地段从路基填土开始进行沉降观测;路堑地段从开挖完成后开始观测。路基沉降观测的频次不宜低于表4-5 的规定。

路基沉降观测频次　　　　　　　表4-5

观测阶段	观测期限	观测频次	平行观测频次
填筑或堆载	一般	1次/d	1次/3d
	沉降量突变	2~3次/d	1次/d
	两次填筑间隔时间较长	1次/3d	1次/9d
堆载预压或路基填筑完成	第1~3个月	1次/周	1次/3周
	第4~6个月	1次/2周	1次/月
	6个月以后	1次/月	1次/2月
架桥机(运梁车)通过	全程	首次通过前1次,首次通过后3天1次/天,以后1次/周	首次通过前1次,首次通过后1次,以后1次/3周
轨道板(道床)铺设后	第1个月	1次/2周	1次
	第2~3个月	1次/月	1次
	3个月以后	1次/3月	—

(2)观测精度要求

路基沉降观测按《高速铁路工程测量规范》(TB 10601—2009)中规定的三等垂直位移监测网的精度要求进行测量,读数取位0.1m;剖面沉降管观测的精度不应低于4mm/30m。

(3)观测技术要求

为达到路基沉降观测的目的,建立沉降与时间的关系,了解产生沉降的部位,沉降观测应考虑如下要求。

①为了观测到各部位的总沉降,从路基填土开始,沉降观测也随即进行。

②沉降标志的埋设是在施工过程中进行的,施工单位的填筑施工要与标志的埋设做好协

调,做到互不干扰、影响。路堤的填筑进度要及时告知负责埋设沉降板的人员,避免错过最佳埋设时机。观测设施的埋设及沉降观测工作应按本方案所要求,不能影响路基填筑质量的均匀性。

③在沉降板埋设基本不影响施工的条件下,路基的施工要做到碾压的均匀性,质量的一致性,使沉降观测资料具有良好的代表性。

④为了分析施工期沉降和工后沉降、施工期沉降与总沉降的关系及验证推算工后沉降方法的准确性,对部分有代表性路基(暂定工程试验段),进行运营期间的长期沉降观测,以期得到最终沉降量。

六、观测点布设要求

每个断面须埋设3个沉降观测设备,布设形式包括全幅埋设和半幅埋设。

①全幅埋设,应将3个设备分别埋于左路肩、路中心、右路肩(图4-31)。

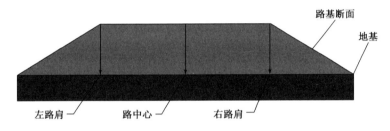

图4-31 沉降观测设备安设位置示意图(全幅)

②半幅埋设时,将3个设备分别埋于路肩、$L/4$路面总宽处、路中心(图4-32)。

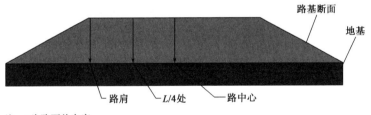

注:L为路面总宽度。

图4-32 沉降观测设备安设位置示意图(半幅)

七、沉降控制标准

容许工后沉降见表4-6。

容 许 工 后 沉 降　　　　　　　　表4-6

道路等级	工 程 位 置		
	桥台与路堤相邻处	涵洞、通道处	一般路段
高速公路、一级公路	≤0.10m	≤0.20m	≤0.30m
二级公路	≤0.20m	≤0.30m	≤0.50m

填筑过程中,路堤中心线地面沉降速率每昼夜应不大于15mm。

路面铺筑时间的确定采用双标准控制,即要求推算的工后沉降量小于设计容许值,同时要求连续2个月观测的沉降量每月不超过5mm。

八、常用沉降观测技术

1. 基本原理

将沉降板(图4-33)埋在相应的沉降观测点,沉降板会随地基沉降而下沉,通过观测金属测杆顶部竖向位移获得地基沉降值。

2. 特点

结构简单、操作方便、影响施工、施工中易损坏、施工扰动,测量精度低。

HX-1型沉降观测设备(图4-34)特点:设备性价比高,测量精度高,安装、使用操作较简便,设备易于保护,且不影响正常施工。

图4-33 管螺纹式保护沉降板

图4-34 HX-1型沉降观测设备

子任务四 专项调查

中桩测设时既要保证地形变化点处要加桩,同时相关的地物处也要加桩,隧道洞门处中桩加密,但实际工作中,有时候可能会遗漏一些地方没有加桩,比如从线路纵向上来看,加桩里程处无地形变化,但是从线路横向上来看,如不加桩则不能如实地反映地形变化。因为山体顶部虽然平坦,但和线路斜交,只在顶部两边缘处加了桩,这样做完断面后并不能反映真实情况。还有线路纵向上地势平坦,无变化点,但在两侧路基范围内,却凸出很多山丘,这种情况也未加桩、做横断面,如此则路基工程量便无从控制。因此,专项调查工作是非常有必要的,可以减少外业工作的反复性。

高速铁路施工前期工作都是在图纸上进行的,由于勘测设计工作的周期长,或者还有一些其他原因,导致图纸已不能如实反映现场情况,另外技术人员和外业测量缺少沟通,造成测量工作已经完成,专项调查后发现线路穿越工厂或其规划用地、离水库比较近等,有些情况在测量中就已发现。如此就造成工作反复,浪费大量人力物力。因此,专业调查测量精度根据专业设计要求确定。测量资料应绘制于线路平面图及纵、横断面图上。

设置立体交叉及改移工程应在实地确定起讫桩号,测设改移工程轴线桩,并进行纵、横断面测量。改移工程的轴线应与线路控制网联测。改移的河道、主干沟渠及公路,应测绘1∶500～1∶2000地形图,测绘范围应满足设计要求。

高速铁路施工测量专项调查的主要内容有:

(1)施工时遇到需要拆迁的建筑物,应进行实地调绘,并列表填写建筑物类别、数量及所属单位等。建筑物的面积可用皮尺丈量。

(2)对线路两侧工程影响范围内的给水、排水、燃气、输油、电力、通信等管线应进行详细调查并实测其平面位置、埋深或净空。调查内容应包括:管线类型、性质、走向、用途、材料、直径及附属设施、产权单位等。

(3)交叉及跨线建筑物调查测量内容包括:

①与公路交叉应调查公路名称、等级、技术标准、路面结构类型、交叉处里程、排水和防护工程情况等,测量交叉角度、交叉点高程、纵坡坡度、路基宽度、路面宽度及厚度。

②与管线交叉应调查管线的种类、技术标准、型号、规格、用途、编号、敷设时间、权属等,测量交叉位置、交叉角度、交叉点悬高或埋深、杆塔高度及受影响的长度等。

③大型、复杂的交叉应根据需要测绘1∶500～1∶2000比例尺地形图。

(4)施工取土坑、弃土堆、施工便道和附属工程所占用的农田,应进行实地调查测绘,并应标记用地类别和权属。

(5)工程沿线的环境保护调查测量应包括以下内容:

①国家生态保护区、野生动物保护区、风景名胜区的现状及有关规划情况及其范围。

②水资源保护区和湿地的情况及其范围。

③声源敏感点,如学校、医院、居民小区的有关资料。

④文物的保护情况及其范围。

子任务五　中线贯通测量

铁路线路贯通测量是保证线路平顺性的重要手段。在铁路线路贯通以后,线上结构施工以前,应进行线路的中线贯通测量,检查线下工程平纵断面施工是否满足设计要求。测量的内容包括线路水准基点的贯通测量,线路中线和横断面竣工测量,若线路平面控制网无法满足测量要求,还要进行平面贯通的控制测量。

一、线路水准基点的控制测量

线路水准基点的控制测量按照二等水准测量进行，布设间距的 2km 一个，重点工程地段应根据实际情况增设水准点，点位距线路中心线为 50～300m 为宜。（最主要的布置原则为使用方便）水准基点应埋设在土质坚实、安全僻静、观测方便和利于长期保存的地方。

二、线路平面控制点的控制测量

当 CPⅠ、CPⅡ控制点不能满足现场的测量要求是要进行平面贯通控制网的测量，若采用导线测量时按照四等导线加密，若采用 GNSS 测量时按照四等来测量。测量精度要满足规范规定的要求。

三、线路中线贯通测量的要求

线路中线贯通测量应以线路左线为基准进行测量并应满足下列条件：

（1）线路中线贯通测量应满足轨道铺设条件的要求。中线应钉设公里桩、百米桩。直线上中桩间距不宜大于 50m，曲线上中桩间距宜为 20m。在曲线起终点、变坡点、竖曲线起点、终点、立交道中心、涵洞中心、桥梁墩台中心、隧道进出口、隧道内断面变化处、道岔中心、支挡工程的起终点和中间变化点等处均应设置加桩。

（2）线路中线桩的测设，桩位限差应满足纵向 $S/20000 + 0.01$（S 为相邻中桩的间距，单位为 m）、横向 ± 10mm 的要求。线路中线桩的高程应利用线路水准基点测量，中桩的高程限差为 ± 10mm。

本章课后习题

1. 什么是线路初测？什么是线路定测？线路的初测和定测分别包括哪些工作内容？
2. 圆曲线的主点有哪些？缓和曲线的主点有哪些？
3. 圆曲线的主点测设要素有哪些？画简图推导测设要素的计算公式。
4. 线路圆曲线平面设计中，是如何加入缓和曲线的？
5. 带有缓和曲线的主点测设要素有哪些？
6. 某一缓和曲线的交点为 JD_2，缓和曲线长 210m，$R = 1100$m。JD_1 坐标（2795.705，11849.189）JD_2 坐标（2635.862，10399.189），JD_1 里程为 $K_1 + 408.327$，JD_3 坐标（3104.528，9283.037）。

试回答以下问题：

（1）计算缓和曲线的主点测设要素。
（2）推算 ZH、HY、QZ、YH、HZ 的里程。
（3）如何计算缓和曲线上任意里程中桩的坐标值？

(4)如何计算圆曲线上任意里程中桩的坐标值?
(5)如何计算缓和曲线附近任意坐标点的里程和偏距(距中线)?
(6)如何计算圆曲线附近任意坐标点的里程和偏距(距中线)?

7.根据路基施工图,如何测设路基边坡桩位?

任务五　隧道工程测量

知识目标：
1. 掌握隧道贯通误差估算的方法。
2. 掌握洞内外施工控制网施测与数据处理的方法。
3. 掌握竖井联系测量与数据处理的方法。
4. 掌握隧道贯通误差测定与调整的方法。
5. 掌握隧道施工测量的内容和方法。
6. 掌握隧道沉降监测的方法。

能力目标：
1. 能估算隧道贯通误差，并进行合理分配。
2. 能施测洞内外施工控制网，并能熟练处理数据。
3. 能实施竖井联系测量，并能熟练处理数据。
4. 能进行隧道施工测量。
5. 能实施隧道沉降监测。

重、难点：
1. 隧道洞内控制测量。
2. 隧道洞外控制测量。
3. 隧道洞内外联系测量。
4. 隧道沉降观测。

规范依据：
1.《高速铁路工程测量规范》(TB 10601—2009)。
2.《国家一、二等水准测量规范》(GB/T 12897—2006)。
3.《建筑变形测量规范》(JGJ 8—2016)。
4.《铁路工程沉降变形观测与评估技术规范》(QCR 9230—2016)。

教学建议：
1. 总学时16课时，其中理论学时10课时，实训学时6课时。
2. 实训项目设置：
（1）隧道洞内控制测量；
（2）竖井联系测量数据处理；
（3）隧道工程施工图识读。

子任务一 认识隧道测量

高速铁路隧道测量,包含隧道初测、定测、洞外控制测量、洞内控制测量、施工测量、竣工测量及沉降监测等。

初测阶段应根据专业设计要求对控制或影响线路方案的重点隧道进行测绘。

重点隧道的初测宜在线路初测平面高程控制点基础上进行测量,当线路初测平面高程控制点不能满足隧道初测要求时,应按线路勘测控制测量的相关要求在隧道进出口两端、斜井洞口处布设必要的平面和高程控制点,并纳入线路控制网。

定测阶段根据线路设计方案,在线路中线测设的同时,应实地测设洞口(包括进、出口,斜井、竖井和辅助导坑洞口)附近线路中桩和洞口纵断面。

隧道是线路的重要组成部分,尤其是长大隧道是整个线路建设的控制工程。隧道施工前,要首先进行地面控制测量,提供隧道各开挖洞口控制桩的坐标、定向方向的方位角及水准点高程,以便引测进洞。在山区隧道施工中,为了加快工程进度,一般从隧道两端洞口相向开挖。长大隧道施工中,通常需要在两洞口间增加竖井、斜井等,以增加掘进工作面。为保证隧道按设计正确贯通,并为隧道开挖指示方向和空间位置,必须进行进洞测量、洞内控制测量和施工测量。

与地面测量工作不同的是,隧道施工的掘进方向在贯通之前无法通视,隧道测量的主要任务,是保证隧道相向开挖的工作面按照规定的精度在预定位置贯通,并使各项构筑物以规定的精度按照设计位置和尺寸修建。

在隧道施工中,两个相向开挖的施工中线通过放样在设计位置(里程)将隧道挖通,称为贯通,该设计的位置称为贯通点,贯通点所在的横断面称为贯通面。在隧道施工中,由于地面控制测量、联系测量、地下控制测量以及细部放样产生的误差,使得两个相向开挖的工作面的贯通点,不能理想的衔接而使成为两个点,这两个点之间的空间线段长度称为贯通误差。该空间线段在隧道中线方向的分量称为平面横向贯通误差(简称横向贯通误差),对隧道质量有影响;在水平面内垂直于隧道中线方向的分量称为平面纵向贯通误差(简称纵向贯通误差),对隧道贯通在距离上有影响;在高程方向的分量称为高程贯通误差,对隧道坡度有影响。

隧道贯通误差分量如图 5-1 所示。

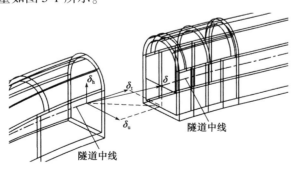

图 5-1 隧道贯通误差分量

不同的隧道工程对贯通误差的容许值有各自具体的规定。如何保证隧道在贯通时,两相向开挖的施工中线的闭合差(包括横向、纵向及高程方向)不超过规定的限值,成为隧道测量的关键问题之一。

假设隧道内的坡度为3‰,当隧道长300m时,允许纵向贯通误差0.1m,隧道长3000m时,允许纵向贯通误差1m。从目前铁路山岭隧道贯通的实际情况看,纵向贯通误差均小于上述结果。因此,纵向贯通误差一般情况不会给设计坡度和工程建筑造成不利影响。高程贯通误差主要影响线路的坡度。对于500m长的隧道,高程贯通限差50mm时,调整后约影响坡度0.1‰。这种情况几乎不影响原设计,更不会在施工中造成困难。因此,在隧道贯通误差中,关键的是横向贯通误差和高程贯通误差,所以在隧道测量中主要以横向贯通误差和高程贯通误差作为衡量贯通精度的主要尺度而加以规定。隧道两相向开挖洞口施工中线在贯通面上的横向和高程贯通误差应符合表5-1的规定。

隧道贯通误差规定　　　　表5-1

项　目	横向贯通误差							高程贯通误差
相向开挖长度(km)	$L<4$	$4≤L<7$	$7≤L<10$	$10≤L<13$	$13≤L<16$	$16≤L<19$	$19≤L<20$	
洞外贯通中误差(mm)	30	40	45	55	65	75	80	18
洞内贯通中误差(mm)	40	50	65	80	105	135	160	17
洞内外综合贯通中误差(mm)	50	65	80	100	125	160	180	25
贯通限差(mm)	100	130	160	200	250	320	360	50

注:1. 本表不适用于利用竖井贯通的隧道。
　　2. 相向开挖长度大于20km的隧道应做特殊设计。

隧道长度大于1500m时,应根据横向贯通误差进行平面控制网设计,估算洞外控制测量产生的横向贯通误差影响值,并进行洞内测量设计。水准路线长度大于5000m时,应根据高程贯通中误差进行高程控制网设计。按隧道两端相向掘进整体贯通,铁路隧道贯通误差分配见表5-2。

隧道测量的主要任务包含:

(1)隧道洞外控制测量:也称为地面控制测量,在洞外建立平面和高程控制网,测定各洞口控制点的位置。

(2)隧道洞内外联系测量:即进洞测量,将洞外的坐标、方向和高程传递到隧道内,建立洞内、洞外统一坐标系统。

(3)隧道洞内控制测量:包括隧道内的平面和高程控制。

(4)隧道结构施工测量:根据隧道设计要求进行施工放样,指导开挖。

(5)隧道竣工测量:测定隧道竣工后的实际中线位置和断面净空及各建、构筑物的位置尺寸。

(6)隧道沉降观测:通过持续或周期性对隧道内沉降点进行监测,通过监测数据对隧道沉降变形速率进行分析。

隧道平面控制测量应结合隧道长度、平面形状、辅助坑道位置及线路通过地区的地形和环境条件等,采用GNSS测量、导线测量、三角形网测量及其综合测量方法。高程控制测量可采用水准测量、光电测距三角高程测量。

任务五 隧道工程测量

洞外GNSS控制测量不同隧道长度的洞外、洞内、洞内横向贯通中误差

表5-2

隧道长度(km)	计算长度(km)	洞内						洞外					误差分析(mm)				分配后(mm)		
		测角精度(")	洞内边长(m)	测角误差(mm)	取两组导线误差(mm)	测距误差(mm)	洞内误差(mm)	定向精度(")	定向误差(mm)	坐标误差(mm)	洞外误差(mm)	总中误差	现允许中误差	拟允许中误差	洞内分配值	洞外分配值	洞内应达	洞外应达	总误差
1	2	2.5	150	28	20	20	28	1.7	12	20	23	37	50	50	40	30	40	30	50
2	3	2.5	200	45	32	20	37	1.7	17	20	27	46	50	50	40	30	40	30	50
3	4	1.8	250	44	31	20	37	1.3	18	20	27	46	50	50	40	30	40	30	50
4	5	1.8	300	56	40	20	44	1.3	22	20	30	54	50	50	40	30	40	30	50
5	6	1.8	400	64	46	20	50	1.3	27	20	33	60	75	65	50	40	51	42	64
6	7	1.3	400	58	41	20	46	1.3	31	20	37	59	75	65	50	40	51	42	64
7	8	1.3	400	70	49	20	53	1.3	36	20	41	67	75	65	50	40	51	42	64
8	9	1.3	500	75	53	20	57	1.3	40	20	45	72	100	75	60	45	60	45	75
9	10	1.3	500	87	62	20	65	1.3	34	20	40	76	100	75	65	35	66	37	74
10	11	1	500	77	55	20	58	1	38	20	43	72	100	75	60	45	60	45	75
11	12	1	500	87	62	20	65	1	41	20	46	79	150	100	75	50	87	66	90
12	13	1	500	98	69	20	72	1	45	20	49	87	150	100	75	50	87	66	90
13	14	1	500	109	77	20	80	1	48	20	52	95	150	100	80	55	84	60	97
14	15	1	500	121	85	20	88	1	51	20	55	104	200	120	95	60	104	73	112
15	16	1	500	133	94	20	96	1	55	20	58	112	200	120	100	60	104	66	117
16	17	1	500	145	102	20	104	1	58	20	62	121	200	120	105	65	101	58	123
17	18	1	500	157	111	20	113	1	62	20	65	130	250	150	120	70	133	90	139
18	19	1	500	170	120	20	122	1	65	20	68	140	250	150	130	75	130	75	150
19	20	1	500	184	130	20	131	1	69	20	71	150	250	150	135	75	130	65	154
20	21	1	500	197	139	20	141	1	72	20	75	159	250	180	160	80	161	82	179

平面控制网坐标系宜采用以隧道平均高程面为基准面,以隧道长直线或曲线隧道切线(或公切线)为坐标轴的施工独立坐标系,坐标轴的选取应方便施工使用。

高程系统应与线路高程系统相同。

子任务二　隧道洞外控制测量

隧道洞外控制测量应在隧道开挖前完成,分为平面控制测量和高程控制测量。隧道施工测量首先要建立洞外平面和高程控制网,每一开挖洞口附近都应设有平面控制点高程控制点(水准点),将各开挖面联系起来,作为开挖放样的依据。

一、洞外平面控制测量

洞外平面控制测量的主要任务是测定各洞口控制点的平面位置,并同铁路中线联系,以便根据洞口控制点的位置,按照设计方向和坡度对隧道进行掘进,是隧道贯通符合精度要求。洞外平面控制测量应结合隧道长度、平面形状、线路通过地区的地形和环境等条件进行,可采用的方法有:中线法、精密导线法、三角锁网法、GNSS测量等,其中GNSS采用静态测量方式进行。GNSS技术具有全天候测量、定位速度快、连续实时、自动化程度高的特点,在隧道施工和控制测量的应用中产生了巨大影响,已经逐渐应用在隧道施工控制测量中,测量时仅需在各开挖洞口附近测定几个控制点的坐标,工作量小,精度高,因此是大中型隧道洞外控制测量的首选方案。本书重点介绍利用GNSS测量方法进行隧道洞外平面控制测量。其测量技术要求应满足表5-3的规定。

洞外 GNSS 平面控制网测量精度　　　　表5-3

测 量 等 级	适用长度(km)	洞口联系边方向中误差(″)	边长相对中误差
一	6~20	1.0	1/250000
二	4~6	1.3	1/180000
三	<4	1.7	1/100000

(一) GNSS 控制网布设

洞外控制网的布设应满足以下要求:

(1)控制网应由进、出口子网,辅助导坑子网及子网间的联系网组成。其中,直线隧道应在洞外中线上设置1个以上洞口投点,曲线隧道应在切线(或公切线)上布设2个控制点。

(2)布设洞口控制点应考虑用常规测量方法检测、加密、恢复控制点和向洞内引测的需要,所有子网内的控制点之间宜互相通视。

(3)洞内、外测量联测边的两端控制点宜布置在基本等高的地方。联测边的边长宜大于500m,困难时,最短不得小于300m。联测边长度小于400m时,整网应提高一个等级观测。

(4)控制网宜布设成由三角形和大地四边形组成的混合网。子网间的联系网宜布设成大地四边形。进、出口洞口投点的连线应为直接观测边。

(5)控制网应采用静态测量模式观测。

(6)桥、隧相连地段应整体布网。控制长度应按位于中线上的首末2个控制点间的距离计算。

GNSS平面控制网除满足上述要求外,还应符合以下规定:

(1)GNSS控制网应由洞口子网和子网之间的联系主网组成。洞口子网一般应布设成四点通视的大地四边形,洞口子网在采用GNSS测量困难时,可测量一条GNSS定向边,洞口子网的其他控制点可采用全站仪测量。直接观测边,进出口联系网宜在不同时段进行观测。当洞口子网采用GNSS测量困难时,可测量一条GNSS定向边,洞口子网的其他控制点采用全站仪测量。

(2)布网时应将选定的施工独立坐标系坐标原点和X轴方向直接边纳入GNSS控制网。

(3)洞口控制点布设要求:

①每个洞口平面控制点布设应不少于3个。

②用于向洞内传递方向的洞外联系边不宜小于500m。

③洞口平面控制点应便于向洞内引测导线。

④GNSS控制网进洞联系边最大俯仰角不宜大于5°。

⑤洞口GNSS控制点应方便用常规测量方法检测、加密、恢复和向洞内引测。洞口子网各控制点间应尽量通视。

洞外控制测量精度设计应根据隧道长度和表5-1中的横向贯通中误差限值,GNSS控制测量误差引起的隧道横向贯通中误差可按下列方法估算:

(1)控制测量前,应按式(5-1)估算测量设计的验前横向贯通中误差。

$$M^2 = m_J^2 + m_C^2 + \left(\frac{L_J \cos\theta \times m_{\alpha_J}}{\rho}\right)^2 + \left(\frac{L_C \cos\varphi \times m_{\alpha_C}}{\rho}\right)^2 \qquad (5-1)$$

式中:m_J、m_C——进、出口GNSS控制点的y坐标误差;

L_J、L_C——进、出口GNSS控制点至贯通点的长度;

m_{α_J}、m_{α_C}——进、出口GNSS联系边的方位中误差;

θ、φ——进、出口控制点至贯通点连线与贯通点线路切线的夹角。

(2)控制测量后,应按式(5-2)估算控制测量的验后横向贯通中误差。验后贯通误差应满足表5-1的规定。

$$M^2 = \sigma_{\Delta x}^2 \cos^2\alpha_F + \sigma_{\Delta y}^2 \sin^2\alpha_F + \sigma_{\Delta x \Delta y} \cos 2\alpha_F \qquad (5-2)$$

式中:$\sigma_{\Delta x}$、$\sigma_{\Delta y}$、$\sigma_{\Delta x \Delta y}$——由进、出口推算至贯通点的$x$、$y$坐标差的方差和协方差;

α_F——贯通面方位角。

(二)GNSS选点与埋石

1.选点

(1)选点准备工作应符合下列规定:

①收集并研究测区1∶50000或更大比例尺的地形图、既有的测量控制点、布网方案、线路平面图和纵断面图等资料。

②了解测区的交通、通信、供电、气象等资料。

(2)点位选择应符合下列规定：

①点位应适合安置接收设备和便于操作。点位周围应具备视野开阔，对天空通视情况良好的条件，高度角15°以上不得有成片障碍物阻挡卫星信号。

②点位至大功率无线电发射台（如电视塔、微波站等）的距离不宜小于200m，至高压输电线的距离不宜小于50m。特殊情况下不能满足距离要求时，应使用抗干扰性能强的接收机进行观测。

③点位的基础应坚实稳定，点位应易于保存，并便于利用常规测量方法扩展与联测。

④点位附近不得有强烈干扰卫星信号接收的物体。

⑤点位周边交通方便，应易于寻找和到达。

(3)选点作业应符合下列规定：

①按要求在实地选择和标定点位。

②实地绘制点之记应符合测量规范的规定。

③点位对空通视条件困难，障碍物阻挡卫星信号严重时，宜使用罗盘仪测绘点位环视图。

④当所选点位需进行高程联测时（若采用GNSS进行高程控制测量），应实地踏勘高程联测路线，提出观测建议。

⑤利用既有控制点时，应对旧点标石的稳定性、完好性及觇标的安全性逐一检查，符合要求方可利用；当觇标不能利用或影响卫星信号接收时，应提出观测建议。

⑥确定到达所选点位的交通方式、交通路线以及所需时间。

2. 埋石

(1)卫星定位测量控制点均应埋设桩橛，其规格类型及埋设方法应符合现行有关标准规定。

(2)埋石后应提交下列资料：

①点之记，环视图。

②选点网图。

③选点埋石工作总结，主要内容包括交通情况、交通路线、到达点位所需时间、高程联测方案（若采用GNSS进行高程控制测量）、观测建议以及当地通信、供电、生活条件等。

(三)控制点稳定性检测

洞口平面控制点，洞口高程点是洞内导线测量和高程测量的起算点，又是洞口及其附近地段施工的直接依据。这些点将被长期使用至隧道贯通。利用原控制点作第二次设站观测或根据原控制点增设新点时，应对原控制点进行检测。

平面控制点通常用测角、测边检核，高程一般检测两点间的高差，因而规定洞口子网不应少于3个平面控制点和2个高程控制点。实际上，如果某控制点发生位移，仅检测3个平面控制点和2个高程控制点是难以判定控制点移动的，必须增加控制点，才能使检测结果可靠。因此，洞口平面控制点一般宜多于3个；洞口高程控制点一般宜多于2个，且彼此间有一定距离。

控制网复测或检验应同精度,不低于原测精度,同时应在相同的坐标系(相同的中央子午线、高程面)中才能进行比较。当检测与原测成果较差满足限差要求时,采用原测成果,不满足限差要求时,应分析超限原因。确因点位位移,应逐级检测至稳定控制点。

(1)距离检测。洞外 GNSS 控制网施测完成后,应用全站仪检测洞口子网控制点间的距离和角度。检测距离应投影到与 GNSS 测量同投影面后进行比较。距离限差可根据 GNSS 接收机和全站仪的仪器标称精度中的固定误差计算。

(2)角度检测。平面控制点角度、边长检测较差的限差应按下式计算:

$$f_{限} = 2\sqrt{m_1^2 + m_2^2} \tag{5-3}$$

式中:m_1、m_2——原测、检测测角中误差。

(3)GNSS 控制网复测。隧道控制网多采用 GNSS 测量方法,在施工过程中需要定期复测。复测方法与要求同前述精测网。

隧道控制网复测后与原测结果比较,除比较坐标与相对关系外,还应比较控制点间的方位较差,方位较差的限差按 2 倍测边的方位中误差控制。

(四)GNSS 数据处理与精度评定

GNSS 外业观测结束后应及时进行观测数据的全面检查和质量分析。原始数据的检查和验收应符合下列要求:

(1)观测成果应符合调度命令和相应等级的测量作业技术要求。

(2)测量手簿记录项目应完整有效。

基线解算后外业数据的质量检核应符合下列要求:

(1)同一时段观测值的数据剔除率宜小于 10%。

(2)基线解质量指标应符合处理软件的规定。

(3)采用单基线处理模式时,对于采用同一数学模型的基线解,其同步时段所组成的环应进行同步环闭合差检验。

(4)利用批处理软件处理的基线,当基线质量满足软件规定时,可不进行同步环检验。

(5)对采用不同数学模型的基线解,其同步时段组成的环应按独立环闭合差的要求检核。

(6)由若干条独立基线边组成的独立环或附合路线应进行闭合差检验。

(7)重复观测的基线应进行较差检验。

框架控制网的基线向量解算应使用适合长基线的高精度 GNSS 解算软件,利用精密星历,采用多基线模式进行解算。基线向量解算应满足下列要求:

(1)基线向量解算引入的起算点坐标位置基准应为国际地球参考框架(ITRF)或 IGS 国际地球参考框架下中的坐标成果,该坐标框架应与采用的精密星历坐标框架保持一致。起算点选用联测的 IGS 参考站或国家 A、B 级 GNSS 点,其点位坐标精度应优于 0.1m。

(2)基线解算完成后,同一基线不同观测时段的基线向量及边长较差应满足式(5-4)的要求。

$$\begin{cases} d_{\Delta x} \leqslant 3\sqrt{2} R_{\Delta x} \\ d_{\Delta y} \leqslant 3\sqrt{2} R_{\Delta y} \end{cases}$$

$$\begin{cases} d_{\Delta z} \leq 3\sqrt{2} R_{\Delta z} \\ d_s \leq 3\sqrt{2} R_s \end{cases} \tag{5-4}$$

R_C 按式(5-5)计算：

$$R_C = \left[\frac{\frac{n}{n-1} \sum_{i=1}^{n} \frac{(C_i - C_m)^2}{\sigma_{C_i}^2}}{\sum_{i=1}^{n} \frac{1}{\sigma_{C_i}^2}} \right]^{\frac{1}{2}} \tag{5-5}$$

式中：n——同一基线的总观测时段数；

i——时段号；

C_i——各时段基线的某一坐标分量或边长；

C_m——各时段基线的某一坐标分量或边长加权平均值；

$\sigma_{C_i}^2$——i时段相应于C_i分量的方差。

(3)由基线向量组成的独立(异步)闭合环或附合线路的各坐标分量闭合差应满足式(5-6)的要求。

$$\begin{cases} W_x \leq 2\sigma_{W_x} \\ W_y \leq 2\sigma_{W_y} \\ W_z \leq 2\sigma_{W_z} \end{cases} \tag{5-6}$$

$$\begin{cases} \sigma_{w_x}^2 = \sum_{i=1}^{r} \sigma_{\Delta x(i)}^2 \\ \sigma_{w_y}^2 = \sum_{i=1}^{r} \sigma_{\Delta y(i)}^2 \\ \sigma_{w_z}^2 = \sum_{i=1}^{r} \sigma_{\Delta z(i)}^2 \end{cases} \tag{5-7}$$

式中：i——时段号；

r——闭合环或附合线路中的基线数；

$\sigma_{C(i)}^2$——环线中第i条基线$C(C=\Delta x, \Delta y, \Delta z)$分量的方差。

环线全长闭合差应满足：

$$W_s \leq 3\sigma_W \tag{5-8}$$

$$\sigma_W^2 = \sum_{i=1}^{r} W D_i W^T \tag{5-9}$$

$$W = \begin{bmatrix} \dfrac{\omega_{\Delta X}}{\omega} & \dfrac{\omega_{\Delta Y}}{\omega} & \dfrac{\omega_{\Delta Z}}{\omega} \end{bmatrix} \tag{5-10}$$

$$\omega = \sqrt{\omega_{\Delta X}^2 + \omega_{\Delta Y}^2 + \omega_{\Delta Z}^2} \tag{5-11}$$

式中：D_i——环线中第i条基线的方差-协方差阵。

其他各级控制网基线解算可采用广播星历和一般商用软件进行。基线解算可采用多基线解或单基线解，快速静态定位宜以观测单元为单位进行解算。当基线长度大于30km或需要

高精度处理时,宜采用精密星历和专用的计算软件。基线向量解算应满足下列要求:

(1)基线解算中每个同步图形应选定一个起算点。起算点应按连续跟踪站、已知点、单点定位结果的顺序选择。起算点的精度应不低于20m。

(2)控制网基线解算时,长度小于15km的基线应采用双差固定解;15km以上的基线可在双差固定解和双差浮点解中选择最优结果;30km以上的基线宜采用三差解。快速静态模式测量的基线必须采用合格的双差固定解作为基线解算的最后结果。

(3)由基线处理结果计算的重复观测基线较差、同步环闭合差、独立环闭合差、附合路线闭合差应满足表5-4的规定。

基线质量检验限差 表5-4

检验项目	限差要求			
	X坐标分量闭合差	Y坐标分量闭合差	Z坐标分量闭合差	环线全长闭合差
同步环	$W_x \leq \frac{\sqrt{n}}{5}\sigma$	$W_y \leq \frac{\sqrt{n}}{5}\sigma$	$W_z \leq \frac{\sqrt{n}}{5}\sigma$	$W \leq \frac{\sqrt{3n}}{5}\sigma$
独立环(附合路线)	$W_x \leq 3\sqrt{n}\sigma$	$W_y \leq 3\sqrt{n}\sigma$	$W_z \leq 3\sqrt{n}\sigma$	$W \leq 3\sqrt{3n}\sigma$
重复观测基线较差	$d_s \leq 2\sqrt{2}\sigma$			

注:1. σ 为相应等级规定的精度,$\sigma = \sqrt{a^2 + b \times d^2}$。当使用的接收机标称精度高于等级规定的 a、b 值时,应采用接收机的标称精度计算。

2. n 为闭合环边数。当环由长短悬殊的边组成时,宜按边长和等级规定的精度计算每条边的 σ,并按误差传播定律计算环闭合差的精度,以代替表中的 $\sqrt{n}\sigma$ 计算环闭合差的限差。

二、洞外高程控制测量

洞外高程控制测量,是按照设计精度施测各开挖洞口(包括隧道进出口、竖井口、斜井口和坑道等)附近水准点之间的高差,以便将整个隧道的统一高程系统引入洞内,以保证在高程方向按规定精度正确贯通,并使隧道各附属工程按要求的高程精度正确修建。

高程控制的水准路线应选择连接各洞口最平坦和最短的线路,以期达到设站少、观测快、精度高的要求。每一个洞口应埋设不少于2个水准点,以相互检核;两水准点的位置,以能安置一次仪器即可联测为宜,方便引测并避开施工的干扰。

高程控制网应根据勘选的地表高程路线长度和洞内贯通长度,按高程贯通误差估算公式分别估算洞外、洞内高程贯通误差,确定洞外高程控制测量精度。洞外、洞内高程控制测量误差产生的高程贯通中误差应按式(5-12)计算:

$$M_{\Delta h} = m_\Delta \sqrt{L} \tag{5-12}$$

式中:m_Δ——每千米水准测量偶然中误差(mm);

L——洞外或洞内高程路线长度(km)。

水准路线长度大于5000m时,应根据高程贯通中误差(表5-1)进行高程控制网设计。

(一)技术要求及水准测量实施

隧道洞外高程控制测量技术要求应满足表5-5的规定。

洞外高程控制测量技术要求　　　　　　　　　　　　　　表 5-5

测 量 等 级	两开挖洞口间高程路线长度(km)	每千米高程测量偶然中误差(mm)
二	>36	≤1.0
三	13~36	≤3.0
四	5~13	≤5.0
五	<5	≤7.5

洞外高程控制测量应根据表 5-5 确定的精度等级,各等级水准测量的限差应符合规定。高速铁路隧道洞外高程控制采用二等水准测量,要求线路水准点间距不超过 2km,每千米高差偶然中误差不超过 1mm,每千米高差全中误差不超过 2mm,附和路线长度不超过 400km,环线周长不超过 750km,如表 5-6 所示。二等水准测量限差应符合表 5-7 的规定。

高程控制网的技术要求　　　　　　　　　　　　　　　　表 5-6

水准测量等级	每千米高差偶然中误差 M_Δ(mm)	每千米高差全中误差 M_W(mm)	附合路线或环线周长(km)	
			附合路线长	环线周长
二等	≤1	≤2	≤400	≤750
精密水准	≤2	≤4	≤3	—
三等	≤3	≤6	≤150	≤200
四等	≤5	≤10	≤80	≤100
五等	≤7.5	≤15	≤30	≤30

表 5-6 中,M_Δ 和 M_W 应按式(5-13)、式(5-14)计算:

$$M_\Delta = \sqrt{\frac{1}{4n}\left[\frac{\Delta\Delta}{L}\right]} \tag{5-13}$$

$$M_W = \sqrt{\frac{1}{N}\left[\frac{WW}{L}\right]} \tag{5-14}$$

式中:Δ——测段往返高差不符值(mm);

L——测段长(km);

n——测段数;

W——附合或环线闭合差(mm);

N——水准路线环数或附和水准路线数。

水准测量限差要求(mm)　　　　　　　　　　　　　　　表 5-7

水准测量等级	测段、路线往返测高差不符值		测段、路线的左右路线高差不符值	附合路线或环线闭合差		检测已测测段高差之差
	平原	山区		平原	山区	
二等	±4$\sqrt{K}$	±0.8$\sqrt{n}$	—	±4$\sqrt{L}$		±6$\sqrt{R_i}$
精密水准	±8$\sqrt{K}$		±6$\sqrt{K}$	±8$\sqrt{L}$		±8$\sqrt{R_i}$
三等	±12$\sqrt{K}$	±2.4$\sqrt{n}$	±8$\sqrt{K}$	±12$\sqrt{L}$	±15$\sqrt{L}$	±20$\sqrt{R_i}$
四等	±20$\sqrt{K}$	±4$\sqrt{n}$	±14$\sqrt{K}$	±20$\sqrt{L}$	±25$\sqrt{L}$	±30$\sqrt{R_i}$
五等	±30$\sqrt{K}$		±20$\sqrt{K}$	±30$\sqrt{L}$		±40$\sqrt{R_i}$

注:1. K 为测段水准路线长度,单位为 km;L 为水准路线长度,单位为 km;R_i 为检测测段长度,以 km 计;n 为测段水准测量站数。

2. 当山区水准测量每公里测站数 $n \geq 25$ 站以上时,采用测站数计算高差测量限差。

山区水准测量平均每千米单程测站大于25站时,测段往返测高差不符值应符合表5-8的规定。测段往返测高差不符值超限时,遵循下列原则:

(1)若重测的高差与同方向原测高差的较差超过往返测高差不符值的限差,但与另一单程高差的不符值不超出限差,则取用重测结果;

(2)若同方向两高差不符值未超出限差,且其中数与另一单程高差的不符值亦不超出限差,则取同方向中数作为该单程的高差;

(3)若2中的重测高差(或3中两同方向高差中数)与另一单程的高差不符值超出限差,应重测另一单程;

(4)若超限测段经过两次或多次重测后,出现同向观测结果靠近而异向观测结果间不符值超限的分群现象时,如果同方向高差不符值小于限差之半,则取原测的往返高差中数作往测结果,取重测的往返高差中数作为返测结果。

往返测高差不符值的限差(mm) 表5-8

水准测量等级	测段往返测高差不符值限差	水准测量等级	测段往返测高差不符值限差
二	$0.8\sqrt{n}$	四	$4.0\sqrt{n}$
三	$2.4\sqrt{n}$	五	$6.0\sqrt{n}$

注:表中n为两水准点间单程测站数。

各等级水准观测的主要技术要求和观测方法符合表5-9和表5-10的规定,测站限差符合表5-11的规定。

水准观测的主要技术要求(m) 表5-9

等级	水准仪最低型号	水准尺类型	视距		前后视距差		测段的前后视距累积差		视线高度		数字水准仪重复测量次数
			光学	数字	光学	数字	光学	数字	光学(下丝读数)	数字	
二等	DS1	钢瓦尺	≤50	≥3且≤50	≤1.0	≤1.5	≤3.0	≤6.0	≥0.3	≤2.8且≥0.55	≥2次
精密水准	DS1	钢瓦尺	≤60	≥3且≤60	≤1.5	≤2.0	≤3.0	≤6.0	≥0.3	≤2.8且≥0.45	≥2次
三等	DS1	钢瓦尺	≤100	≤100	≤2.0	≤3.0	≤5.0	≤6.0	三丝能读数	≥0.35	≥1次
	DS2	双面木尺单面条码	≤75	≤75							
四等	DS1	双面木尺单面条码	≤150	≤100	≤3.0	≤5.0	≤10.0	≤10.0	三丝能读数	≥0.35	≥1次
	DS3	双面木尺单面条码	≤100	≤100							
五等	DS3	塔尺单面条码	≤100	≤100	大致相等		—		中丝能读数	≥0.35	≥1次

水准测量的观测方法 表 5-10

等级	观测方式		观测顺序
	与已知点联测	附合或环线	
二等	往返	往返	奇数站:后—前—前—后
			偶数站:前—后—后—前
精密水准	往返	往返 单程闭合环	奇数站:后—前—前—后
			偶数站:前—后—后—前
三等	往返/左右路线	往返/左右路线	后—前—前—后
四等	往返/左右路线	往返/左右路线	后—后—前—前,或后—前—前—后
五等	单程	单程	后—前

注:1. 对光学水准仪,返测时奇、偶测站标尺的顺序分别与往测偶、奇测站相同。
2. 洞外水准基点按二等水准测量要求施测。水准路线一般 150km 宜与国家一、二等水准点联测,最长不应超过 400km。线路水准基点控制网应全线(段)一次布网测量。

水准观测的测站限差(mm) 表 5-11

等级		项 目			
		基、辅分划[黑红面]读数之差	基、辅分划[黑红面]所测高差之差	检测间歇点高差之差	上下丝读数平均值与中丝读数之差
二等		0.5	0.7	1	3
精密水准		0.5	0.7	1	3
三等	光学测微法	1	1.5	3	—
	中丝读数法	2	3		
四等		3	5	5	—
五等		4	7	—	—

洞外水准基点应沿线路布设成附合路线或闭合环,每 2km 布设一个水准基点,重点工程(大桥、长隧及特殊路基结构)地段应根据实际情况增设水准基点。点位距线路中线 50～300m 为宜。

(二)二等水准测量选点与埋石

水准点埋设应满足以下要求:
(1)水准点应选在土质坚实、安全僻静、观测方便和利于长期保存的地方。
(2)严寒冻土地区普通水准点标石应埋设至冻土线 0.3m 以下,以保证线路水准基点的稳定。
(3)普通水准点标石可采用预制桩或现浇桩,并按图 5-2 标石要求埋设。
(4)水准基点可与平面控制点共用。共桩点的埋设标石规格应符合水准点埋设的标石规格要求。

在地表沉降不均匀及地质不良地区,宜按每 10km 设置一个深埋水准点,每 50km 设置一个基岩水准点,并按图 5-2 标石要求埋设 。

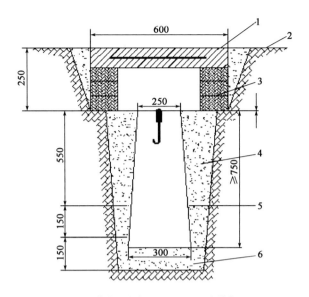

图 5-2 二等水准点标石埋设图(尺寸单位:mm)
1-盖;2-地面;3-砖;4-素土;5-冻土线;6-贫混凝土

(三) 内业计算及成果资料整理

各级高程控制网外业工作结束后,应进行观测数据质量检核。检核的内容包括:测站数据、水准路线数据,附合路线和环线的高差闭合差。数据质量合格后,方可进行平差计算。

高程测量的数据处理,应符合下列规定:

(1) 高程测量结束后,应以测段往返测高差不符值,按式(5-13)计算每千米高差偶然中误差 M_Δ。当高程控制网的附合路线或环线超过 20 个时,还应以附合或环线闭合差,按式(5-14)计算每千米高差全中误差 M_W。

(2) 二等水准测量平差计算所采用的高差可根据实际情况,进行水准标尺长度、水准标尺温度、正常水准面不平行、重力异常、环线闭合差等项计算改正。

(3) 高程控制网测量应采用严密平差方法进行整体平差,并计算各点的高程中误差。

各等级高程控制测量数据取位应符合表 5-12 的规定。

各等级高程控制测量数据取位要求　　　表 5-12

等　　级	往(返)测距离总和(km)	往(返)测距离中数(km)	各测站高差(mm)	往(返)测高差总和(mm)	往(返)测高差中数(mm)	高程(mm)
二等精密水准	0.01	0.1	0.01	0.01	0.1	0.1
三、四等	0.01	0.1	0.1	0.1	0.1	1
五等	0.1	0.1	0.1	0.1	0.1	1

高程控制测量完成后,应提交下列成果资料:
(1) 技术设计书;
(2) 外业观测手簿及仪器鉴定证书;

(3)外业高差各项改正数计算资料;
(4)测量平差计算表;
(5)高程成果表;
(6)准点点之记;
(7)准路线联测示意图;
(8)技术总结报告。

子任务三 隧道洞内外联系测量

隧道洞内外联系测量也称隧道进洞测量。在隧道开挖之前,必须根据洞外控制测量的结果,测算洞口控制点的坐标和高程,同时按设计要求计算洞内待定点的设计坐标和高程,通过坐标反算,求出洞内设计点与洞口控制点(或洞口投点)之间的距离、角度和高差关系,可按极坐标方法或其他方法,测设出进洞的开挖方向,并放样出洞门内的设计点点位,根据此进行隧道施工。用竖井进行隧道施工,通过井口和井底进行联系测量的称为"竖井联系测量"。

一、洞口掘进方向测设数据计算

(一)直线隧道

图 5-3 所示为一直线隧道的平面控制网,图中 A、$\cdots$、G 点为地面控制点,其中 A、B 洞口控制点,S_1、S_2 为 A 点进洞后的第一、二个里程桩。为求得 A 点洞口隧道中线掘进方向及进洞后测设洞内隧道中线里程桩 S_1,按下列公式计算采用极坐标法的测设数据:

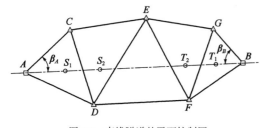

图 5-3 直线隧道的平面控制网

$$\alpha_{AC} = \arctan\frac{y_C - y_A}{y_C - y_A} \quad (5\text{-}15)$$

$$\alpha_{AB} = \arctan\frac{y_B - y_A}{y_B - y_A} \quad (5\text{-}16)$$

$$\beta_A = \alpha_{AB} - \alpha_{AC} \quad (5\text{-}17)$$

$$D_{AS_1} = \sqrt{(x_{S_1} - x_A)^2 + (y_{S_1} - y_A)^2} \quad (5\text{-}18)$$

对于 B 点洞口的掘进测设数据,可类似计算。

(二)曲线隧道

对于中间有曲线的隧道,如图 5-4 所示,由于隧道中线交点 JD 的坐标及曲线半径都由设计给定,因此,可计算出测设两端进洞口隧道中线的方向和里程。掘进达到里程后,可按照测设圆曲线的方法测设曲线上的里程桩。具体请参照本书任务四"线路施工测量"。

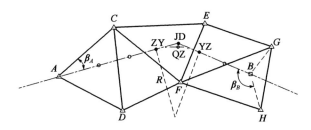

图 5-4　曲线隧道的平面控制网

二、洞口掘进方向标定

隧道贯通的横向误差主要由测设隧道中线方向的精度所决定,而进洞时的初始方向尤为重要。因此,在隧道洞口,要埋设若干个固定点,将中线方向标定于地面上,作为开始掘进及以后洞内控制点联测的依据。如图5-5所示,用1、2、3、4号桩标定掘进方向。再在洞口点A和中线垂直方向上埋设5、6、7、8号桩作为校核。所有固定点应埋设在施工中不易受破坏的地方,并测定A点至2、3、6、7号点的平距。这样,在施工过程中,可以随时检查或恢复洞口控制点A的位置、进洞中线的方向和里程。

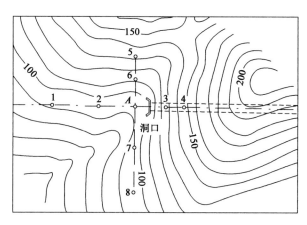

图 5-5　隧道洞口掘进方向的标定

三、由洞外向洞内传递方向和坐标

为了加快施工进度,隧道施工中除了进出洞口之外,还会用斜井、横洞或竖井来增加施工开挖面。为此就要经由它们布设导线,把洞外导线的方向和坐标传递给洞内导线,构成一个洞内、外统一的控制系统,这种导线称为联系导线,如图5-6所示。联系导线属支导线性质,其测角误差和边长误差直接影响隧道的横向贯通精度,故使用中必须多次精密测定、反复校核,确保无误。

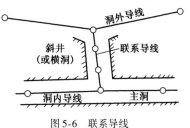

图 5-6　联系导线

四、竖井联系测量

为了保证各相向开挖面能正确贯通，就必须将地面控制网中的坐标、方向及高程，经由竖井传递到地下，建立地面和井下统一的工程控制网坐标系，这些传递工作称为竖井联系测量。其中坐标和方向的传递，称为竖井定向测量。通过定向测量，使地下平面控制网与地面上有统一的坐标系统。而通过高程传递则使地下高程系统获得与地面统一的起算数据。

联系测量的任务主要是，由地面上距离竖井最近的控制点敷设导线直至竖井附近，而设立近井点，由它适当的几何图形与吊锤线联结起来，这样便可确定两吊锤线的坐标及其连线的方向角。在井下的隧道中，将地下导线点联结到吊锤线上，以便求得地下导线起始点的坐标以及起始边的方向角。

按照地下控制网与地面上联系的形式不同，定向的方法可分为三种：①经过一个竖井定向（简称一井定向）；②经过两个竖井定向（简称两井定向）；③陀螺仪测定井下方位角。

本书主要介绍前两种定向方式。

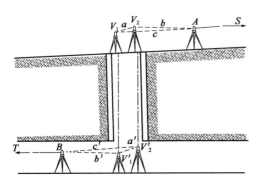

图 5-7 一井定向联系测量

1. 一井定向

通过一个竖井进行定向，用垂线投影的方法将地面控制点的坐标和方位角传递至井下隧道施工面，如图 5-7 所示，在竖井口的井架上设两个投影点 V_1、V_2，可以通过在井筒内挂吊锤线或架设垂准仪的方法向下投影。在地面上根据控制点来测定两投影点的坐标以及其连线的方向角。在井下，根据投影点的坐标及其连线的方向角，确定地下导线的起算坐标及方向角。一井定向测量工作分为两部分：

(1) 由地面用吊锤线（或垂准仪）向隧道内投点，这一步骤简称投点。

(2) 地面和地下控制点与投影点的连接测量。

通过竖井用吊锤线投点，通常采用单荷重稳定投点法。吊锤的重量与钢丝的直径随井深而不同（例如当井深为 100m 时，锤质量为 60kg，钢丝直径为 0.7mm）。为了使吊锤较快稳定下来，可将其放入盛有油类液体的平静器中。

投点时，首先在钢丝上挂以较轻的荷重（例如 2kg），用绞车将钢丝导入竖井中，然后，在井底换上作业重锤，并使它自由地放在平静器中，不与容器壁及竖井中的物体接触。

采用垂准仪投点具体方法为，在竖井上方的井架上 V_1 和 V_2 两投影点上分别架设垂准仪，向井下两个可以微动的投影点 V_1'、V_2' 进行垂直投影。

进行联系测量时，如图 5-7 和图 5-8 所示，在井口地面平面控制点 A 安置全站仪，瞄准另一个平面控制点 S 及投影点 V_1 和 V_2，观测水平角 ω 和 α，同时测定井上联系三角形 $\triangle AV_1V_2$ 的三边长度 a、b、c。同时在井下隧道口的洞内导线点 B 安置全站仪，瞄准洞内另一导线点 T 和投影点 V_1'、V_2'，测定水平角 ω' 和 α' 和井下联系三角形 $\triangle BV_1'V_2'$ 的三边长度 a'、b'、c'。

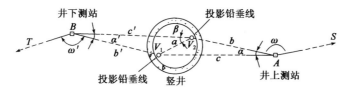

图 5-8 一井定向联系三角形

为了提高定向精度,在选择地面、地下连接点 A、B 时,应使联系三角形 $\triangle AV_1V_2$ 和 $\triangle BV_1'V_2'$ 满足下列条件:

(1)AS 和 BT 边长要大于 20m;

(2)联系三角形应布置成直伸形状,α 角和 α' 角应为很小的角度($<2°$);

(3)b/a 和 b'/a' 的比值应大于 1.5,以提高方位角传递精度。

经过井上、井下联系三角形 $\triangle AV_1V_2$ 和 $\triangle BV_1'V_2'$ 的解算,将地面控制点的坐标和方位角通过投影点 V_1 和 V_2 传递至井下的洞内导线点。联系三角形的计算方法如下:

(1)井上联系三角形计算

根据已知地面控制点 A 和 S 的坐标,反算边 AS 的方位角:

$$\alpha_{AS} = \arctan\frac{y_S - y_A}{x_S - x_A} \tag{5-19}$$

根据测得水平角 ω 和 α,推算边 b 和边 c 的方位角:

$$\begin{aligned}\alpha_b &= \alpha_{AS} - \omega \\ \alpha_c &= \alpha_{AS} - (\omega + \alpha)\end{aligned} \tag{5-20}$$

根据边 b 和边 c 的长度及方位角,又有 A 点坐标推算投影点 V_1 和 V_2 的坐标 (x_1, y_1) 和 (x_2, y_2):

$$\begin{cases} x_1 = x_A + c \times \cos\alpha_c \\ y_1 = y_A + c \times \sin\alpha_c \\ x_2 = x_A + b \times \cos\alpha_b \\ y_2 = y_A + b \times \sin\alpha_b \end{cases} \tag{5-21}$$

对计算得到的 V_1 和 V_2 点坐标与测量得到的边长 a 作检验:

$$a = \sqrt{(x_1 - x_2)^2 + (y_1 - y_2)^2} \tag{5-22}$$

根据 V_1、V_2 点的坐标,反算投影边 V_1V_2 的方位角:

$$\alpha_{1,2} = \arctan\frac{y_2 - y_1}{x_2 - x_1} \tag{5-23}$$

(2)井下联系三角形计算

根据井下观测的水平角 α' 和边长 a'、b',利用正弦定律计算水平角 β:

$$\frac{\sin\beta}{b'} = \frac{\sin\alpha'}{a'}$$

$$\beta = \arcsin\frac{b'}{a'}\sin\alpha' \tag{5-24}$$

根据投影边方位角 $\alpha_{1,2}$ 和 β 角,推算 c' 边的方位角:

$$\alpha'_c = \alpha_{1,2} + \beta \pm 180° \tag{5-25}$$

根据 c' 边的边长及方位角，由 V_2 点坐标推算洞内导线点 B 的坐标：

$$x_B = x_2 + c' \times \cos\alpha'_c$$
$$y_B = y_2 + c' \times \sin\alpha'_c \tag{5-26}$$

根据井下观测的水平角 α' 和 ω'，推算第一条洞内导线边的方位角：

$$\alpha_{BT} = \alpha'_c + (\alpha' + \omega') \pm 180° \tag{5-27}$$

洞内导线取得起始点 B 的坐标和起始边 BT 的方位角后，即可向隧道开挖方向延伸，测设隧道中线点位。

2．两井定向

两井定向时外业工作包括：投点、地面与地下联系测量。

（1）投点。投点所用设备与一井定向相同。两竖井投设点与联测工作可以同时进行或单独进行。

（2）地面连接测量。根据地面已知控制点的分布情况，可采用导线测量或插点的方法建立近井点（图5-9中 A、B），由近井点开始布设导线与两竖井中的 V_1、V_2 吊锤线连接。

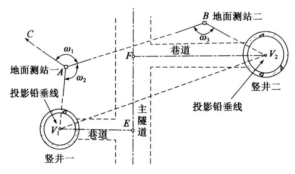

图5-9　两井定向联系测量

（3）地下连接测量。在地下沿两竖井之间的坑道布设导线。根据现场情况尽可能地布设长边导线，减少导线点数，以减小测角误差的影响。作连接测量时，先将吊锤线悬挂好，然后在地面与地下导线点上分别与吊锤线联测。地面与地下导线中的角度与边长可在另外的时间进行测量。

五、由洞外向洞内传递高程

对于平洞，根据洞口的水准点，采用水准测量方法，测设洞内施工点位的高程，对于深洞，则采用深基坑传递高程的方法，测设洞内施工点的高程。

经由竖井传递高程时，过去一直采用悬挂钢尺的方法，即在井上悬挂一根经过检定的钢尺，钢尺零点下端挂一标准拉力的重锤，如图5-10所示，在井上、井下各安置一台水准仪，同时读取钢尺读数 b_1 和 a_2，然后再读取井上、井下水准点的尺读数 a_1、b_2，由此可求得井下水准点 B 的高程：

$$H_B = H_A + (a_1 - b_1) + (a_2 - b_2) \tag{5-28}$$

式中：H_A——井上水准点 A 的已知高程。

如果在井上装配一托架,安装上光电测距仪,使照准头向下直接瞄准井底的反光镜测出井深 D_h,然后在井上、井下用 2 台水准仪,同时分别测定井上水准点 A 与测距仪照准头转动中心的高差 $(a_上 - b_上)$、井下水准点 B 与反射镜转动中心的高差 $(a_下 - b_下)$,即可按式(5-29)求得井下水准点 B 的高程 H_B,如图 5-11 所示。

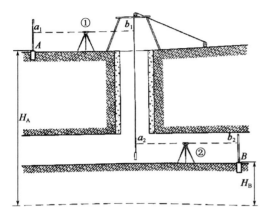

图 5-10 钢尺竖井高程传递

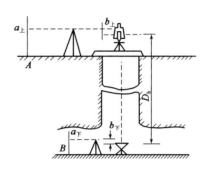

图 5-11 光电测距竖井高程传递

$$H_B = H_A + (a_上 - b_上) + (b_下 - a_下) \tag{5-29}$$

用光电测距仪测井深的方法远比悬挂钢尺的方法快速、准确,尤其是对于 50m 以上的深井测量,更显现出其优越性。

子任务四　隧道洞内控制测量

隧道洞内控制测量分为平面控制测量和高程控制测量。洞内平面、高程控制点应妥善保护,隧道竣工后应与隧道内 CPⅡ 控制点和水准点联测。

一、隧道洞内平面控制测量

洞内控制测量采用常规导线测量方法。

(一)洞内平面导线测量精度要求

导线测量精度应符合表 5-13 的要求。

洞内导线测量精度要求　　　　表 5-13

测量等级	适用长度(km)	测角中误差(″)	边长相对中误差
二级	9~20	1.0	1/100000
隧道二等	6~9	1.3	1/100000
三级	3~5	1.8	1/50000
四级	1.5~4	2.5	1/50000
一级	<1.5	4.0	1/20000

(二) 洞内导线布设

洞内控制导线应从测量设计确定的洞外联系边引入,洞内洞外平面控制网宜以边连接。为提高精度,一般选取两条进洞联系边向洞内同时传递方向和坐标。

洞内导线的布设应符合下列要求:

(1) 导线边长应根据测量设计确定。

(2) 导线点应布设在施工干扰小、稳固可靠、便于设站的地方,点间视线应旁离(即水平方向远离)洞内设施 0.2m 以上。

(3) 洞内导线应布设成多边形闭合环(图5-12),每个环由 4~6 条边构成。长隧道宜布设成交叉双导线形式,以增加网的内部检核条件、提高网的可靠性。

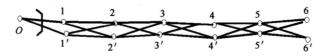

图 5-12 隧道洞内交叉导线布设

隧道内局部地段可能受到旁折光影响,宜将导线布设成点对形式的洞内导线网布设为前后交错的形式,如图 5-13 所示。

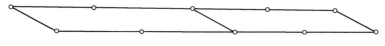

图 5-13 隧道洞内导线点交错布设

导线测量前,应对原控制点进行检测,检测较差应符合式(5-3),洞内导线测量的精度应不低于测量设计时确定的精度等级,并应有安全可靠的防爆措施,必要时应采用防爆仪器观测。

(三) 洞内导线测量要求

导线测量除满足表 5-14 的技术要求外还应满足下列要求。

导线测量的技术要求 表5-14

等级	测角中误差(″)	测距相对中误差	方位角闭合差(″)	导线全长相对闭合差	测 回 数			
					0.5″级仪器	1″级仪器	2″级仪器	6″级仪器
二等	1.0	1/250000	$\pm 2.0\sqrt{n}$	1/100000	6	9	—	—
三等	1.8	1/150000	$\pm 3.6\sqrt{n}$	1/55000	4	6	10	—
四等	2.5	1/80000	$\pm 5\sqrt{n}$	1/40000	3	4	6	—
一级	4.0	1/40000	$\pm 8\sqrt{n}$	1/20000	—	2	2	—
二级	7.5	1/20000	$\pm 15\sqrt{n}$	1/12000	—	—	1	3

1. 导线水平角观测

(1) 洞口站测角工作宜在夜晚或阴天进行。

(2) 洞内测量前应先将仪器开箱放置 20min 左右,让仪器与洞内温度基本一致。

(3) 目标应有足够的明亮度,受光均匀柔和、目标清晰,避免光线从旁侧照射目标。

(4)完成规定测回数一半后,仪器和反射镜均应转动180°重新对中整平,再观测剩余测回数。

2.导线边长测量

(1)测量前应进行充分通风、避免尘雾。
(2)反射镜应有适度照明。
(3)仪器和反射镜面应无水雾。

(四)洞内导线平差要求

洞内导线平差计算应符合下列要求:

(1)初次洞内导线测量的起算坐标和方位角应采用测量设计时确定的进洞联系边测量成果。
(2)洞内导线引伸测量的起算坐标和方位角应采用经检测合格的前一期洞内导线测量成果。
(3)洞内四等及以上导线平差应采用严密平差,一级导线可采用近似平差。

完成洞内导线平差计算后,应计算开挖面附近的临时中线点放样成果并实地放设,即时纠正施工中线。

二、隧道洞内高程控制测量

洞内高程测量的精度应满足表5-15的要求。

洞内高程控制测量精度要求　　　　表5-15

测量等级	两开挖洞口间高程路线长度(km)	每千米高程测量偶然中误差(mm)
二	>32	≤1.0
三	11~32	≤3.0
四	5~11	≤5.0
五	<5	≤7.5

洞内高程测量应采用水准测量进行往返观测,高程控制点应每隔200~500m设置一对。高程控制点可选在导线点上,也可根据情况埋设在隧道的顶板、底板或边墙上。高速铁路洞内需要进行变形监测,因此洞内水准点高程测量均采用二等水准测量,观测方法和洞外相同。

洞内高程控制点应结合地质条件、施工方法和施工进度定期复测。建立新一期高程控制点前应检测起算高程点。检测已测测段高差之差应满足表5-7的要求。

子任务五　隧道施工测量

隧道是边开挖、边衬砌,为保证开挖方向正确、开挖断面尺寸符合设计要求,施工测量工作必须紧紧跟上,同时保证测量成果的正确性。

(1)施工中线测量。

①隧道施工中线点应用洞内平面控制点采用极坐标法测设,一次测设不应少于3个,并相互检核。衬砌用的临时中线点宜每10m加密一点。

②掘进用的临时中线点可采用串线法延伸标定。串线长度直线段不大于30m,曲线段不大于20m。

③全断面开挖的施工中线可先用激光导向,后用全站仪、光电测距仪测定。采用上下半断面施工时,上半断面每延伸90～120m时应与下半断面的中线点联测,检查校正上半断面中线。

④高程可采用光电测距三角高程从控制点引出。

(2)洞内中线点宜采用混凝土包桩,严禁包埋木板、铁板和在混凝土上钻眼。设在顶板上的临时点可灌入拱部混凝土中或打入坚固岩石的钎眼内。

(3)当曲线隧道设有导坑时,可根据隧道中线和导坑的横移偏移距离,按一定密度计算导坑中线的坐标,放设导坑中线,指导导坑开挖。

(4)洞内高程测量应符合以下规定。

①洞内高程测量应根据洞内高程控制点引测加密。加密点可与永久中线点共桩。

②采用光电测距三角高程测量施工高程时,宜变换反射器高测量两次,或利用加密点作转点闭合到已知高程点上。

(5)洞内开挖测量应按下列要求进行。

①每次钻爆前,应在开挖断面上标示隧道中线、轨顶高程线和开挖断面轮廓线。

②已开挖段,应即时测量开挖断面,绘制开挖断面图,开挖断面的测量间距不宜大于20m。

③断面测量可采用自动断面仪法、全站仪极坐标法、断面支距法等方法。

④当采用支距法测量断面时,应按中线和外拱顶高程从上到下每0.5m(拱部和曲墙)和1.0m(直墙)间隔分别测量中线左右侧相应高程处的支距,并应考虑曲线隧道的中线内移值、设计加宽值、施工误差预留值。

⑤仰拱断面测量,应从隧道中线向两侧边墙按0.5m间隔测量设计轨顶线至开挖仰拱底的高差。

(6)开挖衬砌测量。

①每次钻爆前,应在开挖断面上标示隧道中线、轨顶高程线和开挖断面轮廓线。已开挖段,应及时利用全站仪测量上部和仰拱开挖断面,绘制开挖断面图。

②衬砌立模前,应用洞内控制点检查隧道原施工中线点的位置及高程,较差不应大于5mm。检测合格后,在立模范围内放设不少于3个中线点及其横断面十字线方向,同时在断面上标定出拱架顶、起拱线和边墙底的高程位置。立模后应再一次检查校正模板。

③根据隧道长短,适当预留隧道贯通误差调整段的长度。衬砌模板宜预留至少50mm的中线调整安全空间。长隧道在接近贯通面附近时,宜放大净空断面尺寸。

(7)隧道贯通误差测量及调整。

隧道贯通后,应分别按下述方法测定实际贯通误差:

①洞内采用中线法测量的隧道,应从两相向开挖方向向贯通面引伸中线确定各自的贯通

点,两实际贯通点间的横向距离和纵向距离即为横向和纵向贯通误差。

②洞内采用导线测量的隧道,应在贯通面中线附近钉一临时点,由两端导线分别测量该点的坐标,其坐标较差分别投影至线路中线及其垂直的方向上,即为纵向和横向贯通误差。同时测量该点的水平角,求得方向贯通误差。

③由两端高程点分别测量贯通面处临时点的高程,其高程差即为高程贯通误差。

④实际贯通误差宜在未衬砌地段(调线地段)调整。调线地段的开挖和衬砌均应以调整后的中线和高程进行放样。

⑤贯通误差应以满足铁路线路设计规范和轨道平顺性要求为原则进行调整。调整后的线路应满足隧道建筑限界要求。

⑥隧道平面贯通误差调整应符合下列规定:

a. 贯通误差≤50mm 时,在保证隧道建筑限界要求的条件下,可不调整线路中线,按设计线位铺轨。

b. 贯通误差>50mm 时,应采用洞内 CPⅢ控制网实测隧道中线,采用线位拟合方法进行调整,调整后的线路应满足轨道平顺性标准和隧道建筑限界的要求。

⑦高程贯通误差应按下列方法调整:

a. 由两端测得的贯通点高程,应取两贯通高程的平均值作为调整后的贯通面高程;

b. 高程贯通误差调整可按贯通误差的一半,分别在两端未衬砌地段,以未衬砌段的线路长度按比例调整其范围内各水准点高程;

c. 以调整后的水准点高程作为未衬砌段高程放样的依据;

d. 调整后的线路应满足线路设计和验收规范要求。

子任务六　隧道沉降测量

一、隧道沉降观测简介

隧道沉降监测是指隧道内线路基础的沉降监测,通过持续或周期性对隧道沉降点进行观测,确定沉降观测点沉降量及变化趋势,分析隧道沉降变形速率及最终沉降量,合理确定和调整隧道沉降预防措施和方案,确保隧道的安全。

二、隧道沉降观测基本要求

(1)水准网的观测按照国家二等水准施测,采用单路线往返观测。

(2)水准仪使用不低于 DS05 级的精密电子水准仪及配套 2m 或 3m 钢瓦条码水准尺和尺垫。水准仪与水准尺在使用前及使用过程中,需检校合格,其中有限差要求的项目按规范要求在仪器中进行设置,不满足要求的在现场进行提示并进行重测。

(3)为了将观测中的系统误差减到最小,达到提高精度的目的,各次观测应使用同一台仪器和设备,前后视观测最好用同一水准尺。

(4)每测段往测与返测的测站数均应为偶数,否则应加入标尺零点差改正。晴天观测时给仪器打伞,避免阳光直射;扶尺时借助尺撑,使水准尺上的气泡居中,水准尺垂直。随时观测,随时检核计算,观测时要一次完成,中途不中断。

(5)观测前30 min,将仪器置于露天阴影处,使仪器与外界气温趋于一致。对于数字式水准仪,应进行不少于20次单次测量,以达到仪器预热的目的。

(6)除路线拐弯处外,每一测站上仪器与前后视标尺的3个位置,一般为接近一条直线。

(7)水准观测路线路面必须硬实,观测过程中尺垫踩实以避免尺垫下沉。同时观测过程中避免仪器安置在容易震动的地方,如果临时有震动,确认震动源造成的震动消失后,再进行观测。

(8)数据处理时,闭合差中误差等均满足要求后进行平差计算,主水准路线要进行严密平差,选用经鉴定合格的软件进行。

(9)当相邻观测周期的沉降量超过限差或出现反弹时,应重测并分析工作基点的稳定性,必要时联测基准点进行检测。对工作基点的稳定性要定期检核,在雨季前后要联测,检查水准点的高程是否有变动。

(10)隧道沉降观测应以仰拱(底板)沉降为主。

三、隧道观测点布置

隧道沉降观测是指隧道内线路基础的沉降观测,即隧道的仰拱部分,单座隧道沉降变形观测断面总数不应少于3个。隧道内沉降变形观测断面的布设应根据地质围岩级别确定,观测断面间距可按下列规定布设。

(1)隧道的进出口进行地基处理的地段,从洞口起每25m布设一个观测断面。

(2)隧道内一般地段沉降观测断面的布设根据地质围岩级别确定,一般情况下Ⅲ级围岩每400m、Ⅳ级围岩每300m、Ⅴ级围岩每200m布设一个观测断面。

(3)明暗交界处、围岩变化段及沉降变形缝位置应至少布设两个观测断面。

(4)地应力较大、断层或隧底溶蚀破碎带、膨胀土等不良和复杂地质区段,特殊类型基础的隧道段落,隧道由于承载力不足进行过换填、注浆,或其他措施处理的复核地基段落适当加密布设。

(5)隧道洞口至分界里程范围内应至少布设一个观测断面。

(6)施工降水范围应至少布设一个观测断面。

(7)路隧两侧分别设置至少一个观测断面。

(8)长度大于20m的明洞,每20m设置一个观测断面。

(9)隧道断面突变段落内观测断面不应少于布设1个观测断面。

(10)隧道工程完成后,每个观测断面在相应于两侧边墙处设一对沉降观测断面。

(11)Ⅱ、Ⅲ、Ⅳ、Ⅴ、Ⅵ级围岩隧道仰拱(底板)施作完成后,每个观测断面宜在仰拱(底板)两侧及中间附近布设沉降观测点,观测标用砂浆或锚固剂锚固,如图5-14、图5-15所示。

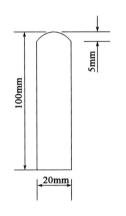
图 5-14 仰拱处布点样式

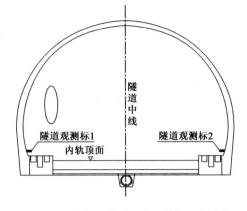
图 5-15 隧道观测标施工期埋设位置示意图

隧道沉降变形观测标采用 φ20mm 不锈钢棒,露出外面部分需要磨网防锈处理,如图 5-16 所示。

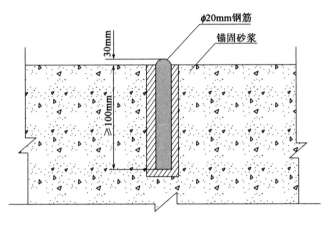
图 5-16 隧道观测标构造

四、观测方法

(1)隧道水准线路按二等水准测量精度要求形成附和水准线路,沉降观测点布设于观测断面隧道内壁两侧。

(2)水准测量采用单路线往返观测,同一区段的往返测使用同一类型仪器和转点尺垫,沿同一路线进行,如图 5-17 所示。

五、沉降监测的等级与精度

外业观测工作完成,分别以每个基准网为单位,利用稳定的基准点对基准网进行严密平差,计算各点的高程值。沉降观测基准网的精度为 ±1mm,读数取位至 0.01mm。观测中严格执行《国家一、二等水准测量规范》(GB 12897—2006)有关规定,如表 5-16~表 5-19 所示。

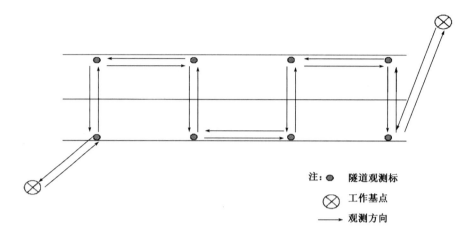

图 5-17 隧道沉降观测水准线路示意图
注:其余观测方法与桥梁观测方法一致。

二等水准测量精度要求　　　　　　　　　　　　　　　　　表 5-16

水准测量等级	每千米水准测量偶然中误差 M_Δ	每千米水准测量全中误差 M_W	限差			
			监测已测段高差之差	往返测不符值	符合路线或环闭合差	左右线路高差不符值
二等水准	≤1.0	≤2.0	$6\sqrt{L}$	$4\sqrt{L}$	$4\sqrt{L}$	—

注:1. 表中的限差均以 mm 为单位。
　　2. L 为单程水准路线长度,以 km 为单位。

二等水准观测主要技术要求　　　　　　　　　　　　　　　表 5-17

等级	水准尺类型	水准仪等级	视距(m)	前后视距差(m)	测段前后视距累积差(m)	视线高度(m)
二等	铟瓦尺(条码)	DS1	≤50	≤1.0	≤3.0	下丝读数≥0.3
		DS0.5	≤60			

水准测量计算取位　　　　　　　　　　　　　　　　　　表 5-18

等级	往(返)测距离总和(km)	往(返)测距离中数(km)	各测站高差(mm)	往(返)测高差总和(mm)	往(返)测高差中数(mm)	高差(mm)
二等	0.01	0.1	0.01	0.01	0.01	0.1

沉降观测基准网精度要求　　　　　　　　　　　　　　　表 5-19

等级	变形观测点的高程中误差(mm)	相邻变形观测点的高差中误差(mm)	相邻基准点高差中误差(mm)	每站高差中误差(mm)	往返较差、符合或环线闭合差(mm)	监测已测高差较差(mm)
三等	±1.0	±0.5	1.0	0.3	0.6n	0.8n

六、隧道基础沉降观测的频次（表5-20）

隧道基础沉降观测频次　　　　　　　　　　　　表5-20

观测阶段	观测期限	观测频次	平行观测频次
仰拱（底板）施工完成后	第1个月	1次/周	1次/月
	第2~3个月	1次/2周	1次/月
	3个月后	1次/月	1次/3月
无砟轨道铺设后	第1~3个月	1次/月	1次
	4~12个月	1次/3月	—
	12个月以后	1次/6月	

七、沉降观测用表（表5-21~表5-24）

电子水准测量记录　　　　　　　　　　　　　　表5-21

工程名称：
测自　　　　　至　　　　　　仪器型号：　　　　　编号：
观测时间：　　年　月　日　　气温：　　　　　天气：

测站	视准点	视距读数		标尺读数		读数差（mm）	高差（m）	高程（m）
	后视	后距1	后距2	后尺读数1	后尺读数2			
	前视	前距1	前距2	前尺读数1	前尺读数2			
	中视	视距差(m)	累计差(m)	高差(m)	高差(m)			
备注								

测量负责人：　　　　　　复核：　　　　　　监理：　　　　　　日期：

观测断面与观测点工程属性信息表 表 5-22

测点编号	工程类型	测点类型	冠号	里程	测点位置	距线路中心	填挖高度	基底处理类型	压缩层厚度	处理深度	墩高	涵顶填土高度	围岩类别	工程名称	备注

测量负责人： 复核： 监理： 年 月 日

隧道沉降量记录表 表 5-23

隧道名称			观测日期				观测日期			
断面里程	观测桩编号	位置	类型	原始高程（m）	上次高程（m）	本次高程（m）	本次沉降（mm）	累计总沉降（mm）		

测量： 年 月 日 复核： 年 月 日 负责人： 年 月 日

隧道沉降观测记录汇总表																表 5-24	

断面里程： 　　　　　　　　　　　　　　　　　　　　　　　　　　　　　　　　　　第　页　共　页

观测日期	累计天数(d)	路堤填高(m)	本次分层沉降(mm)													地面总沉降量(mm)	备注
			1	2	3	4	5	6	7	8	9	10	11	12	13	14		

测量负责人：　　　　年　月　日　　复核：　　　　年　月　日　　监理：　　　　年　月　日

本章课后习题

1. 隧道测量包含哪几部分内容？
2. 什么是隧道贯通误差？其有几个分量，对隧道各有什么影响？
3. 隧道洞外平面控制测量有哪几种方法？大中型隧道洞外控制测量常用哪种方法？
4. 什么是联系测量？通常采用哪些测量方式？
5. 洞内导线的布设有哪些要求？
6. 隧道沉降监测点的布设有哪些要求？
7. 如何进行隧道沉降监测工作？

任务六　桥涵施工测量

知识目标：
1. 了解桥梁结构基础知识。
2. 掌握桥址选线测量方法。
3. 掌握桥梁控制测量知识。
4. 掌握桥梁施工图纸识读技巧。
5. 掌握桥梁细部施工测量方法。
6. 了解桥梁变形的原因、分类和测量方法。
7. 掌握桥梁变形监测的基础知识。

能力目标：
1. 能进行桥梁施工控制测量。
2. 能识读应用桥梁施工图纸。
3. 能进行桥梁细部结构施工放样。
4. 能进行桥梁施工变形监测。

重、难点：
1. 桥梁施工控制测量。
2. 桥梁施工图纸识读。
3. 桥梁施工测量。
4. 桥梁变形监测。

规范依据：
1.《高速铁路工程测量规范》(TB 10601—2009)。
2.《国家一、二等水准测量规范》(GB/T 12897—2006)。
3.《建筑变形测量规范》(JGJ 8—2016)。
4.《铁路工程沉降变形观测与评估技术规范》(QCR 9230—2016)。

教学建议：
1. 总学时 12 课时,其中理论学时 6 课时,实训学时 6 课时。
2. 实训项目设置：
(1) 桥梁施工图识读；
(2) 桥梁墩台中心放样；
(3) 桥梁高程放样。

随着国民经济的快速发展,综合国力的不断增强,横贯我国东西、纵贯我国南北的交通基础设施网络建设取得了令人瞩目的变化和成果。这其中,无论在蜿蜒曲折的万里长江上,还是在星罗棋布的内陆湖泊、大型支流、河流上,一座座如彩虹般的桥梁千姿百态,蔚为壮观,为加速我国经济的更快发展起到如虎添翼的非凡作用。随着桥梁建设技术的不断发展和创新,近年来,我国十分重视在主要的江河及其大型支流上建设大型桥梁,尤其是江河入海口的宽阔江面及海湾大桥等巨型桥梁建设的实施,为桥梁工程测量及安全监测技术的发展和创新提供了广阔的舞台。本章重点叙述桥梁测量的基本内容。

桥梁测量是指在桥梁勘测设计、施工和运营各阶段中所进行的测量工作。

桥梁测量的目的是为桥梁建设提供准确、可靠的陆地及河床、河流状态等的基础地理信息资料,包括各种比例尺的地形图、接线段的纵横断面数据,建立满足桥梁施工的控制系统等,为建设单位综合政治、经济、技术等诸多因素提供准确的可比较的桥位资料,以供决策使用,满足各阶段设计需要。建立大桥施工、安装精确及整体协调的基础控制系统,监测大桥施工中的动态情况,为大桥建设提供各类科学决策的量化依据。

桥梁测量的主要内容包括勘测、施工测量、竣工测量等,在施工过程中及竣工通车后,还要进行变形观测工作。根据不同的桥梁类型和不同的施工方法,测量的工作内容和测量方法有所不同。桥梁的测量工作概括起来有:桥轴线长度测量、施工控制测量、墩台中心的定位、墩台细部放样及梁部放样等。

桥位勘测和桥梁施工测量的技术应符合《高速铁路工程测量规范》(TB 10601—2009)的要求。

按照桥梁建设的规律和实践,桥梁测量一般可划分为以下几种:

(1)可行性(预可行性、工程可行性)阶段的调查测量(洪水痕迹、河床演变、地表特征的调查测量)或中小比例尺的规划测绘、桥位比选测量(桥位总平面图和桥址地形图的测量,桥位中线和引道纵横断面测量等)。

(2)初步设计阶段桥址区陆地和水下大比例尺地形测绘(一般为1:500地形测绘,有的在桥墩附近局部区域施测1:200地形)、河床比降、水深、航迹线、流速及流向测量,根据简易控制网进行接线段初测及定测(桥位中线和引道纵横断面测量,主桥、引桥、接线及互通工程的测量工作)。

(3)施工阶段建立较高等级的平面和高程施工控制网、桥轴中线定测、施工测量、施工期敏感部位或不可预见的地质缺陷部位必要的安全监测等。桥梁首级施工控制网的精度等级一般根据建设桥梁的长度确定,对于大型桥梁以二等精度设计、实施。施工测量包括桥墩、桥台施工放样测量、构件安装的精密放样测量、其他防护和排水构造物的放样等。

(4)运营管理期的安全监测,包括建成通车动、静载试验时间段的高密度、高频率监测,运营期高水位、高水流、强气流(强台风)等恶劣自然条件下桥梁安全的实时监测及一般条件下一定频度的动态安全监测等。

根据我国目前国民经济和桥梁建设的实际情况,桥梁工程测量一般分阶段进行,也有将部分阶段合并交叉进行的,如初设阶段和施工设计阶段的桥梁中心线、接线线路的初测、定测工作,也有将初、定测一次完成的。

子任务一　桥梁结构基础知识

一、桥梁的组成部分及概念

(1)荷载——桥梁所承受的重力(竖直的)或外力(竖直的或水平的),叫作荷载。
(2)承重结构——起承受重力作用的部分叫作承重结构。桥面与承重结构统称桥的上部结构。
(3)桥墩——支撑承重结构的支承物称作桥墩。
(4)桥台——岸边的支承物兼挡墙称作桥台。
(5)下部结构——桥墩与桥台统称为桥的下部结构。
(6)上部结构称作跨越结构或桥跨结构;
(7)下部结构称作支承结构。

二、桥梁的分类

(1)按使用性分为公路桥、公铁两用桥、人行桥、机耕桥、过水桥等。
(2)按跨径大小和多跨总长分为:特大桥、大桥、中桥、小桥、涵洞。
特大桥:多孔跨径总长≥500m,单孔跨径≥100m。
大桥:多孔跨径总长≥100m,单孔跨径≥40m。
中桥:30m<多孔跨径总长<100m,20≤单孔跨径<40m。
小桥:8m≤多孔跨径总长≤300m,5<单孔跨径<20m。
涵洞:多孔跨径总长<8m,单孔跨径<5m。
(3)按行车道位置分为:上承式桥、中承式桥、下承式桥。
(4)按承重构件受力情况分为:梁桥、板桥、拱桥、钢结构桥、吊桥、组合体系桥(斜拉桥、悬索桥)。
(5)按使用年限分为:永久性桥、半永久性桥、临时桥。
(6)按材料类型分为:木桥、圬工桥、钢筋混凝土桥、预应力桥、钢桥。

子任务二　桥址选线测量

一、桥址平面地形测绘

(一)测绘范围

(1)原则
满足设计桥梁孔径、桥头路堤和导流建筑物和施工场地的需要,个别情况下应满足水工模型试验之用。

(2)范围

①顺线路方向:最高洪水位或设计水位以上0.5~1.0m,对于平坦地区河滩过宽时测绘范围不应小于桥梁全长加导流堤并稍有余量。

②上下游方向测量长度根据实际需要而定,也可考虑上游测至$3B_槽+0.12B_滩$,下游测至$1.5B_槽+0.06B_滩$,(其中,$B_槽$为河槽宽度,$B_滩$为两岸河滩宽度之和);平坦地区上游测至桥长的2倍且大于200m,下游为桥长的1~1.5倍且大于100m;对于改建既有线或增建第二线,施测范围应酌情增减。

(二)测绘内容

(1)地形、地物、地貌、水下地形图。
(2)线路导线、中线、既有线中线、桥梁和导流建筑物平面、桥头控制桩。
(3)水准基点、农田分类及边界。
(4)历史最高洪水泛滥线、水流方向。
(5)地质测绘。

地形等高线间距:平坦地区0.5~2.0m,困难地区5~10m。

(三)测量方法

陆上地形测量可运用常规测量手段。水下地形常用测深工具有:测深杆、测深锤(图6-1)、回声测深仪(图6-2),水下地形主要测量手段有直接法、简易断面索法、悬空断面索法、迂回测深法、三船并进法、绞索拉船法等。下面仅介绍前3种方法。

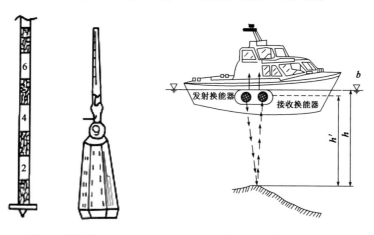

图6-1 测深锤　　图6-2 回声测深仪

(1)直接法:直接用皮尺或绳尺量距,花杆或竹竿测深。

(2)简易断面索法:水道断面的测量,是在断面上布设一定数量的测深垂线,施测各条垂线的水深,同时测得每条测深垂线与岸上某一固定点(断面的起点桩,一般设在左岸)的水平距离(称为起点距),并同时观测水位,用施测时的水位减去水深,得到各测深垂线处的河底高程。

(3)悬空断面索(图6-3)法:在断面上架设钢丝缆索,每隔适当距离做上标记,并事先测量好它们的位置,测量水深的同时,直接在断面索上读出起点距。这种方法适用于河宽较小、水上交通不多、有条件架设断面索的河道测站,精度较高。

图6-3 悬空断面索

(四)绘制桥址平面地形图

桥址平面地形图一般为比例尺1:500~1:5000,梁测量工作贯穿于建桥始末。设计前必须进行桥位图、桥址地形图的测量工作,施工阶段须建立控制网,跨河水准测量,放样桥台、桥墩及测量桥梁中线,竣工后进行变形测量。

勘测设计阶段为了选择桥址,需要搜集比例尺为1:25000或1:50000的地形图,为桥梁设计需测绘较大比例尺(1:10000)的桥渡位置图及1:1000或1:500的桥址地形图,并选择水文断面测定水深、流向、流速及计算流量。

二、桥址纵断面及辅助断面测量

(一)测绘范围

两岸应测宽度根据路肩高程而定,以满足在图上足够布置全部桥孔及导流堤的需要为原则,包括导流堤在桥址中线上的投影长度,并能设计桥头填土。如两岸或一岸为山地时(包括高架桥),以在图上能正确确定桥址及台尾附属工程为原则。特大桥及大中桥两岸应埋设桥址控制桩作为桥址定测和施工复测的依据,其位置不受洪水淹没,必要时应设立护桩或中线方向桩。

(二)测量方法及精度

尽量在线路中线测量,按要求一次完成。如线路中线加桩不足,可根据中线桩在地形变化处加密。测点距离在山区不得大于5m,平坦地区不得大于20~40m。加桩高程施测误差不得大于±0.1m,与水准点闭合差的限差为$±50\sqrt{L}$(L以km计)。

(三)绘制桥址纵断面图

绘制桥址纵断面图测绘比例尺为1:200~1:500,特长桥可采用1:1000。

(四)辅助断面

线路走行于陡峻的山坡地段,为了防止桥址线路纵断面在设计中发生墩台基础有落空现象,可根据实际需要加测上、下游平行于桥址线路纵断面的辅助断面,间距一般为3~5m。该项断面与资料应与桥址线路纵断面合并绘制,其中桥址线路纵断面用实线表示,上、下游断面用虚线表示,并注明与线路纵断面的距离。

对于小桥,为了正确布置陡坡建筑物,上、下游可加测顺沟方向河床纵断面,上游应连接原沟心,下游也连接原沟心或接至有出路之处。当需要计算水深,判断水流状态或考虑蓄水情况时,应加测河床纵坡和下游原沟槽有代表性横断面。

三、既有桥梁丈量

既有桥梁丈量要注意以下几点:

(1)需进行技术改造的大中桥或修建第二线桥与既有桥有关联时,既有大中桥应进行丈量挖探基础,内容包括上、下部结构尺寸、墩台中心线与线路中心线的关系、各部位高程、结构病害和病害部位等。

(2)既有桥墩台需要加高在0.4 m以内,或运营情况良好,与增建第二线桥无影响时,其基础部分可不进行挖探。

(3)确定原式利用的或经调查研究确定报废的既有桥,只丈量主要尺寸,绘制轮廓尺寸图,注明中心里程和主要部分高程。

(4)桩基、沉井及气压沉箱等深基础既有桥应尽量了解其确实类型、顶部尺寸及埋置深度,不进行挖探。

(5)小桥须丈量主要尺寸,须改建检算和对增建第二线桥有影响时,应挖探基础,以取得基础埋置深度及襟边尺寸等有关资料。

(6)需改建或加固的桥梁缺少所需的隐蔽部分尺寸或控制新旧桥梁线间距的基础尺寸时,应进行必要的开挖和丈量。同一线路同类型的桥梁,可选择有代表性的进行开挖和丈量。

子任务三 桥梁控制测量

一、概述

布设形式为分级布设,首级控制网主要控制桥的轴线。为了满足施工中放样每个桥墩的需要,二级控制网是在首级网下加设一定数量的插点或插网构成。二级控制网的精度应不低于首级网。高程控制网提供具有统一高程系统的施工控制点。

二、桥轴线长度和桥梁墩台定位必要精度的确定

桥梁控制网是为保证桥轴线的放样、桥梁墩台中心定位和轴线测设的精度而布设。因此,首先要知道桥轴线长度、墩台中心定位精度要求的计算方法。

(一)根据桥梁跨越结构的架设误差确定桥轴线长度的精度

1. 误差来源

误差来源:制造误差、拼装和安装误差、架设误差。

2. 桥梁跨越结构形式

简支梁是在一端桥墩上设固定支座,另一端桥墩上设活动支座;连续梁是只在一个桥墩上设活动支座。

3. 误差分析

《铁路钢桥制造规则》(Q/CR 9211—2015)规定:钢桁梁节间长度制造容许误差为 ±2mm,两节间拼装孔距误差为 ±0.5mm,则每一节间的制造和拼装误差为:$\Delta l = \pm \sqrt{2^2 + 0.5^2}$ mm = ±2.12mm(一般取 ±2mm)。

由 n 个节间拼装的桁式钢梁构成一跨或一联,其长度误差包括拼装误差 ΔL 和支座安装容许误差 δ,对于连续梁及长跨(>64m)简支钢桁梁长度拼装误差按规范取为 $\Delta L = \pm \sqrt{n \Delta l^2}$,而目前一般取 $\delta = \pm 7$mm,故每跨(联)钢梁安装后的容许误差为 $\Delta d = \pm \sqrt{\Delta L^2 + \delta^2} = \pm \sqrt{n \Delta l^2 + \delta^2}$。

而对于钢板梁及短跨(≤64m)简支钢桁梁、钢筋混凝土梁与预应力混凝土梁等结构形式,其长度拼装误差 ΔL 按规范取为 $\Delta L = \pm \frac{1}{5000} L$,式中 L 为梁长,故这时计算每跨(联)钢梁安装后的容许误差为 $\Delta d = \pm \sqrt{\Delta L^2 + \delta^2} = \pm \sqrt{\left(\frac{L}{5000}\right)^2 + \delta^2}$。设桥梁全长有 N 跨(联),则对于等跨的情况,其全长的极限误差 $\Delta D = \pm \sqrt{N} \Delta d$。

对于不等跨时其全长的极限误差 $\Delta D = \pm \sqrt{\Delta d_1^2 + \Delta d_2^2 + \cdots + \Delta d_n^2}$,取 1/2 的极限误差为中误差,则全桥轴线长的相对中误差为:$\frac{m_D}{D} = \frac{\Delta D}{2D}$。对长度相同的桥梁,桥式及桥跨不同,精度要求也不相同。一般来说,连续梁比简支梁精度要求高,大跨距比小跨距精度要求高。

(二)桥梁墩台中心放样的精度要求

钢梁墩台中心在桥轴线方向的位置中误差不应大于 1.5~2.0cm。

(三)平面控制网精度估算

根据"控制点误差对放样点位不发生显著影响"的原则确定控制网的精度,设 M 为放样后所得点位的总误差,m_1 为控制点误差所引起的点位误差,m_2 为放样过程中所产生的点位误差,则 $M = \sqrt{m_1^2 + m_2^2} = m_2\sqrt{1 + (m_1/m_2)^2}$。

当控制点误差 m_1 所引起的放样误差 m_2 为总误差的 0.4 倍时,则 m_1 使放样点位总误差仅增加 1/10,即控制点误差对放样点位不发生显著影响,同时易知 $m_2 = 0.9M$。

现在,若考虑以桥墩中心在桥轴线方向的位置中误差不大于 2.0cm 作为研究控制网必要精度的起算数据,由上面的分析,要求 $m_1 < 0.4M = 0.4 \times 20 = 8(\text{mm})$,此即为放样墩台中心时控制网误差的影响应满足的要求。由此算出放样的精度应达到的要求是 $m_2 < 0.9M = 0.9 \times 20 = 18(\text{mm})$。

三、桥梁平面控制网的建立

建立平面控制网的目的是测定桥轴线长度和据以进行墩台位置的放样,同时,也可用于施工过程中的变形监测。对于跨越无水河道的直线小桥,桥轴线长度可以直接测定,墩台位置也可直接利用桥轴线的两个控制点测设,无需建立平面控制网。但跨越有水河道的大型桥梁,墩台无法直接定位,则必须建立平面控制网。

(一)布设原则及形式

1. 布设原则

(1)图形尽量简单,估算出来的未知数的协因数阵主对角元素应尽量小,并能用这些点按前方交会法对桥墩进行放样。

(2)控制网边长与河宽有关,一般在 0.5~1.5 倍河宽的范围内变动。

(3)将河流两岸桥轴线上的点作为控制点,两点连线作为控制网的一条边,使桥轴线与控制网紧密联系在一起。控制点与墩台设计位置相距不应太远,以方便墩台的施工放样。

(4)控制点不应位于淹没地区和土壤松软地区,并尽量避开施工区,及堆放材料、交通干扰的地方。

在满足桥轴线长度测定和墩台中心定位精度的前提下,力求图形简单并具有足够的强度,以减少外业观测工作和内业计算工作。

2. 布设形式

根据桥梁的大小、精度要求和地形条件,桥梁施工平面控制网的网形布设有三角网、精密导线网和 GNSS 网三种形式。

(1)三角网可分为双三角形、大地四边形、双大地四边形、加强型大地四边形、大地四边形加三角形,分别如图 6-4~图 6-8 所示。

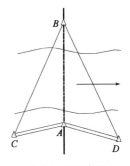

图 6-4 双三角形

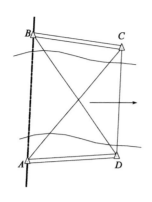
图6-5 大地四边形

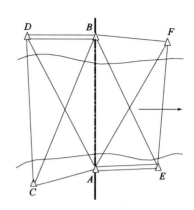
图6-6 双大地四边形

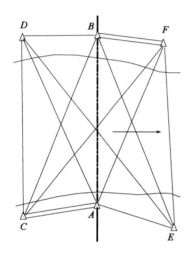
图6-7 加强型大地四边形

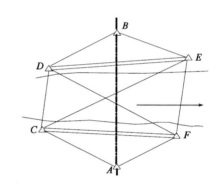
图6-8 大地四边形加三角形

《高速铁路工程测量规范》(TB 10601—2009)中规定,桥梁施工平面控制网采用三角网测量时,按表6-1选定三角网测量等级和精度。

桥梁施工控制网三角测量等级和精度　　　　　表6-1

三角网测量等级	桥轴线边相对中误差	测角中误差(″)	测边相对中误差	最弱边相对中误差
二等	≤150000	1.0	≤250000	≤120000
三等	≤100000	1.8	≤150000	≤70000

(2)精密导线网是在河流两岸的桥轴线上各设立一个控制点,并在桥轴线上、下游沿岸布设最有利交会桥墩的精密导线点(图6-9)。

(3)GPS网一般由一个或若干个独立观测构成,以三角形和大地四边形组成的混合网的形式布设(图6-10)。

平面控制网布设的要点:

(1)选择控制点时,应尽可能使桥的轴线作为三角网的一个边,以利于提高桥轴线的精度。如不可能,也应将桥轴线的两个端点纳入网内,以间接求算桥轴线长度。

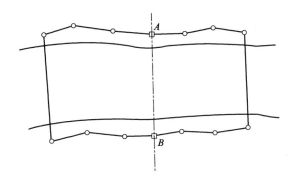

图 6-9 精密导线网

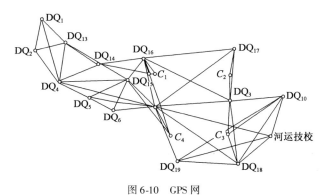

图 6-10 GPS 网

注:芜湖长江大桥 GPS 控制网的布设图

(2)对于控制点的要求,除了图形刚强外,还要求地质条件稳定,视野开阔,便于交会墩位,其交会角不致太大或太小。

(3)在控制点上要埋设标石及刻有"十"字的金属中心标志。如果兼作高程控制点使用,则中心标志宜做成顶部为半球状。

(4)控制网可采用测角网、测边网或边角网。采用测角网时宜测定两条基线。过去测量基线是采用钢瓦线尺或经过检定的钢卷尺,现在已被光电测距仪取代。测边网是测量所有的边长而不测角度,边角网则是边长和角度均测,一般来说,在边、角精度互相匹配的条件下,边角网的精度较高。

(5)由于桥轴线长度及各个边长都是根据基线及角度推算的,为保证桥轴线有可靠的精度,基线精度要高于桥轴线精度 2~3 倍。如果采用测边网或边角网,由于边长是直接测定的,所以不受或少受测角误差的影响,测边的精度与桥轴线要求的精度相当即可。

(6)由于桥梁三角网一般都是独立的,没有坐标及方向的约束条件,所以平差时都按自由网处理。它所采用的坐标系,一般是以桥轴线作为 X 轴,而桥轴线始端控制点的里程作为该点的 X 值。这样,桥梁墩台的设计里程即为该点的 X 坐标值,可以便于以后施工放样的数据计算。

(7)在施工时如因机具、材料等遮挡视线,无法利用主网的点进行施工放样时,可以根据主网两个以上的点将控制点加密。加密点称为插点。插点的观测方法与主网相同,但在平差计算时,主网上点的坐标不得变更。

(二)桥梁平面控制网坐标系和投影面的选择

1. 坐标系统选择

施工平面控制网通常采用独立的坐标系(图 6-11)。

直线桥以桥轴线两控制桩中里程较小的一个为坐标原点,以桥轴线按里程增加方向为 x 轴正向建立测量坐标系;曲线桥一般以曲线起点 ZH(图中 A 点)或始切线上的转点为坐标原点,以始切线指向 JD 方向为 x 轴正向建立测量坐标系;也可以桥轴线控制点为坐标系原点,以该点处曲线的切线方向为 x 轴,以线路前进方向为 x 轴正向建立测量坐标系。

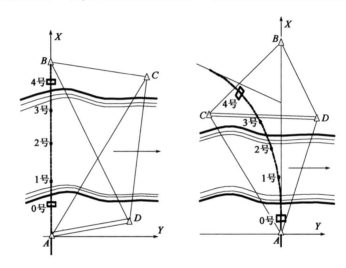

图 6-11 施工平面独立坐标系

2. 投影面的选择

桥梁平面控制网选择桥墩顶平面作为投影面。

四、桥梁高程控制测量

(一)作用

在桥梁的施工阶段,为了有放样的高程依据,应建立高程控制,即在河流两岸建立若干个水准基点。这些水准基点除用于施工外,也可作为以后变形观测的高程基准点。

(二)方法

主要有水准测量和三角高程测量两种方法。

(三)精度要求

(1)当桥长在 1000m 以上时,两岸的水准联测(即跨河水准)需采用一等水准测量的精度;
(2)当桥长在 300m 以上时,应采用二等水准测量的精度;

(3) 桥长在 300m 以下时,可采用三等水准测量。桥梁水准点要与线路水准点联测成一个系统,联测精度可以比施工放样低 1~2 个等级。

(四) 点位选择

水准点应选择在地质条件好、地基稳定处。正桥两岸桥头附近都应设置水准点。当引桥长于 1km 时,在引桥的始站或终端应建立水准点。水准点的标石应力求坚实稳定。在上、下游设置了两条过河水准路线而形成一个闭合环。

(五) 跨河水准测量

从河的一岸测到另一岸时,由于过河距离较长,用水准仪在水准尺上读数困难,而且前、后视距相差悬殊,水准仪误差(视准轴不平行于水准管轴)、地球曲率及大气折光的影响都会增加,此时,可以采用过河水准测量的方法或光电测距三角高程测量方法。

1. 测量位置选择

江河最窄处,视线高出水面 2~3m 以上,避开草丛沙滩。

跨河水准测量场地布设如图 6-12 所示。

2. 布设形式及观测

当采用同一仪器时,在 A、B 处立尺,I_1、I_2 处架设仪器:

(1) 仪器架设 I_1,后视 A,读数 a_1,前视 I_2,读数 b_1;假设水准仪有一定的 i 角误差,对后视读数造成的影响为 Δ_1,对前视影响为 Δ_2,则由 I_1 站的测量结果可以得到 A、B 两点高差为 $h'_{AB} = (a_1 - \Delta_1) - (b_1 - \Delta_2) + h_{I_2 B}$。

(2) 仪器架设 I_2,后视 I_1,读数 a_2,前视 B,读数 b_2,则由 I_2 站的测量结果可以得到 A、B 两点高差:$h''_{AB} = h_{I_2 B} + (a_2 - \Delta_2) - (b_2 - \Delta_1)$。

(3) 两次的均值:$h_{AB} = \frac{1}{2}(h'_{AB} + h''_{AB})$。

当采用两台仪器时,视线长度尽量相等,同岸两点 $I_1 b_1$、$I_1 b_2$ 距离应大于 10m。两台仪器跨河水准测量如图 6-13 所示。

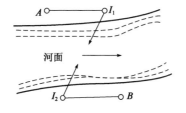

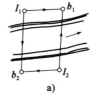 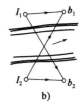

图 6-12 跨河水准测量　　　　图 6-13 两台仪器跨河水准测量

3. 仪器设备

对于精密水准仪和特制的觇标,当视线长 ≤500m 时,采用光学测微器;当视线长 ≥500m 时,采用微倾螺旋器(观测读取测微器上的读数,立尺人读尺上的整数)。

4. 测量方法

(1) 观测本岸近标尺;

(2)观测对岸标尺;

(3)上半测回完成后,立即将仪器迁至对岸,并互换标尺,然后进行下半测回观测,下半测回先测量远标尺,后测量近标尺;

(4)当采用两台仪器观测时,应从两岸同时作对向观测,由两台仪器各测的一测回组成一个双测回,三、四等水准测量测两个双测回,用一台仪器观测时,测回数加倍。

子任务四　桥梁下部结构施工测量

一、桥梁墩台中心放样

在桥梁施工测量中,最主要的工作是准确地定出桥梁墩台的中心位置和它的纵横轴线,这些工作称为墩台定位。直线桥梁墩台定位所依据的原始资料为桥轴线控制桩的里程和墩台中心的设计里程,根据里程算出它们的距离,按照这些距离定出墩台中心的位置。曲线桥所依据的原始资料,除了控制桩及墩台中心的里程外,尚有桥梁偏角、偏距及墩距或结合曲线要素计算出的墩台中心的坐标。

水中桥墩基础施工定位时,由于水中桥墩基础的目标处于不稳定状态,在其上无法使测量仪器稳定,一般采用方向交会法;如果墩位在无水或浅水河床上,可用直接定位法;在已稳固的墩台基础上定位,可以采用方向交会法、距离交会法、极坐标法。

(一)直线桥墩台中心放样

直线桥墩台中心都位于桥轴线方向上。墩台中心设计里程及桥轴线起点里程是已知的,如图 6-14 所示,相邻两点里程相减即可求得它们之间的距离。根据地形条件,可采用直接测距法或交会法测设出墩台中心位置。

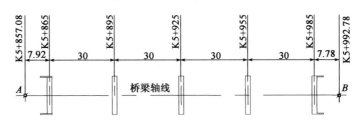

图 6-14　直线桥墩台定位(尺寸单位:m)

1. 直接测距法

这种方法适用于无水或浅水河道。根据计算出的距离,从桥轴线的一个端点开始,用检定过的钢尺逐段测设出墩台中心,并附合于桥轴线的另一个端点上,如在限差范围内,则依各段距离的长短,按比例调整已测设出的距离。在调整好的位置上钉一小钉,即为测设的点位。

2. 光电测距法

用光电测距仪测设,则在桥轴线起点或终点架设仪器,并照准另一个端点,在桥轴线方向上设置反光镜,并前后移动,仪器显示放样距离和实测距离差值,为了减少移动棱镜的次数,用小钢尺沿桥轴线方向进行改正,反复进行,直至差值为零,则该点为要测设的墩台中心位置。打入木桩后,在桩面上标出方向线,将棱镜立在方向线上,精确定位,并钉一小钉。

3. 交会法

当桥墩位于水中,无法丈量距离及安置反光镜时,则采用角度交会法。如图 6-15 所示,A、B 为桥梁轴线,A、B、C、D 为控制网的控制点,且 A、B、C、D 点坐标分别为 $(X_A、Y_A)$、$(X_B、Y_B)$、$(X_C、Y_C)$、$(X_D、Y_D)$,E 为墩台中心位置,坐标为 $(X_E、Y_E)$,在控制测量中,可用下面方法测设墩中心位置 E 点。首先计算各方向方位角:

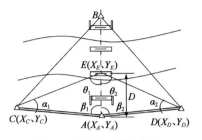

图 6-15 交会法定墩台位置

$$\begin{cases} \alpha_{CA} = \arctan\left(\dfrac{Y_A - Y_C}{X_A - X_C}\right) \\ \alpha_{DA} = \arctan\left(\dfrac{Y_A - Y_D}{X_A - X_D}\right) \\ \alpha_{CE} = \arctan\left(\dfrac{Y_E - Y_C}{X_E - X_C}\right) \\ \alpha_{DE} = \arctan\left(\dfrac{Y_E - Y_D}{X_E - X_D}\right) \end{cases} \quad (6\text{-}1)$$

注:当 X 差值为 0 时,Y 差值为正时,其方位角为 $90°$,为负时,其方位角为 $270°$。

再用式(6-2)计算出交会角度 α_1、α_2:

$$\begin{cases} \alpha_1 = \alpha_{CA} - \alpha_{CE} \\ \alpha_2 = \alpha_{DE} - \alpha_{DA} \end{cases} \quad (6\text{-}2)$$

在 C、D 两点上同时架设经纬仪,C 点的经纬仪后视点 A,固定经纬仪照准部,读取度盘初始值或将度盘置零,然后将经纬仪照准部向桥墩方向拨动 α_1 角,固定仪器照准部;同时 D 点的经纬仪后视点 A,固定仪器照准部,读取度盘初始值或将度盘置零,然后将经纬仪照准部向桥墩方向拨动 α_2 角,固定仪器照准部。两台仪器视准轴方向的交点即为桥墩中心位置 E 点。为了避免错误和检查交会定点的精度,在 A 点架设第三台经纬仪,照准河对岸的 B 点,看三个方向是否交于一点,如不能交于一点,就形成了示误三角形。误差三角形的最大边长或两方向的交点与桥轴线的距离在允许范围内时,从两方向交会点向桥轴线作垂线,与桥轴线的交点即是桥墩台中心。交会定点后,应立即将交会方向延伸到河流对岸上,根据视线方向钉设护桩,以便随时恢复交会方向,检查施工中的桥墩台中心位置。

(二) 曲线桥放样

曲线桥墩台的测设与直线桥大致相同,也要先测设出线路中线上的主要控制点,以作为墩台位置测设及检核的依据。在测设出主要控制点后,经检核无误后,即可据以进行墩台中心的测设,根据条件可采用长弦偏角法、极坐标法及交会法。

1. 长弦偏角法

在主控点可以架设仪器时，宜采用此种方法。根据墩台中心坐标反算置镜点至测设墩台中心的弦长 S_i 和弦长与切线夹角 i 测设墩台中心位置，这种方法叫作长弦偏角法。从其某一控制点开始，逐一测设出角度及距离，即直接定出各墩台中心位置，最后再复核到另外一个控制点上，以检核测设精度，如图 6-16 所示。此种方法因各点是独立测设的，不受前一点放样误差的影响。在某一点发生错误或误差较大时不易发现，所以一定要对各墩台中心距进行检核。

2. 极坐标法

已知桥位控制网中两个互相通视的控制点 A、B 和桥墩中心位置 E 点的坐标，计算出方向 AE 和 AB 的夹角 θ 和线段 AE 的长度 S，以此为放样元素，这种放样方法称为极坐标法。

如图 6-17 所示，已知桥位控制网中的控制点 A、B，且 A、B 点坐标为 $(X_A、Y_A)$、$(X_B、Y_B)$，桥墩中心位置 E 的坐标为 $(X_E、Y_E)$，假设在 A 点设站，以 B 点为后视点，要放样某桥墩的中心位置 E，先计算放样元素 S、θ。

$$S = \sqrt{(X_E - X_A)^2 + (Y_E - Y_A)^2} \quad (6\text{-}3)$$

$$\theta = \alpha_{AB} - \alpha_{AE} = \arctan\left(\frac{Y_B - Y_A}{X_B - X_A}\right) - \arctan\left(\frac{Y_E - Y_A}{X_E - X_A}\right) \quad (6\text{-}4)$$

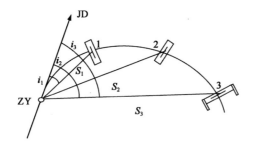 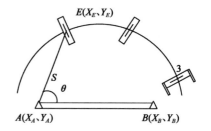

图 6-16　长弦偏角法定位　　　　图 6-17　极坐标法定位

在 A 点设站，望远镜瞄准 B 点，固定全站仪照准部，读取水平度盘初值或将水平度盘置零，然后将照准部向桥墩方向转动 θ 角，固定照准部。将测距仪的反光棱镜置于视线方向上，放样水平距离 S，需要多次移动反光棱镜，直至符合要求。该点即桥墩中心位置 E。打入木桩后，在桩面上标出方向线，将棱镜立在方向线上，精确定位，并钉一小铁钉。

在全站仪普及的当今社会，极坐标法放样桥梁墩台中心位置，计算简单，操作方便，精度高，已成为桥梁施工放样的普遍方法。只要知道待放点的坐标，在通视情况良好的情况下，可非常方便地放样出该点。

3. 交会法

当墩台位于水中时，无法架设仪器时，宜采用交会法。

由于这种方法是利用控制网点进行交会墩位，故墩位坐标必须与控制点的坐标系一致，才能进行交会数据的计算；如果两者不一致时，则须先进行坐标转换。墩台定位曲线，则以误差三角形的重心为桥墩台中心。其方法与直线放样交会法基本相同，在此不再赘述。

二、墩台中心坐标计算

(一) 公路桥墩台坐标计算

随着社会的发展，测量仪器也在不断更新换代，极坐标法越来越普遍地应用于桥梁施工测量领域。现将极坐标法放样桥墩台中心坐标计算叙述如下：

1. 桥墩台位于直线上

直线段起点桩号 l_Q，坐标 $(X_Q、Y_Q)$，直线段坐标方位角 α，直线段上一点 l_i 的坐标 $(X_i、Y_i)$ 的计算公式为：

$$X_i = X_Q + (l_i - l_Q) \times \cos\alpha \tag{6-5}$$
$$Y_i = Y_Q + (l_i - l_Q) \times \sin\alpha \tag{6-6}$$

也可采用下列公式计算：

$$X_i = X_{ZH} + (l_{ZH} - l_i) \times \cos(\alpha + 180°) \tag{6-7}$$
$$Y_i = Y_{ZH} + (l_{ZH} - l_i) \times \sin(\alpha + 180°) \tag{6-8}$$

2. 桥墩台位于缓和曲线上

如图 6-18 所示，在以缓和曲线起点桩号 l_Q，坐标 $(X_Q、Y_Q)$ 为坐标原点，起点切线（切线坐标方位 α）为 X 轴，垂线为 Y 轴。直角坐标系 $X'O'Y'$ 中，曲线上一点 i（桩号为 l_i）的切线正支距坐标 $(X'_i、Y'_i)$ 可由下式求得，即：

$$L = |l_i - l_Q| \tag{6-9}$$
$$C = Rl$$

式中：R——圆曲线半径；

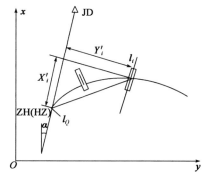

图 6-18 缓和曲线墩台坐标计算

l——缓和曲线长度。

$$\left.\begin{aligned}X'_i &= L - \frac{L^5}{40C^2} + \frac{L^9}{3456C^4} - \frac{L^{13}}{599040C^6} + \frac{L^{17}}{17542600C^8} - \cdots \\ Y'_i &= \frac{L^3}{6C} - \frac{L^7}{336C^3} + \frac{L^{11}}{42240C^5} - \frac{L^{15}}{9676800C^7} + \cdots\end{aligned}\right\} \tag{6-10}$$

再通过坐标平移和旋转计算出该点在大地坐标系 XOY 中的坐标 $(X_i、Y_i)$ 为：

$$\left.\begin{aligned}X_i &= X_Q + X'_i\cos\alpha - Y'_i\sin\alpha \\ Y_i &= Y_Q + X'_i\sin\alpha + Y'_i\cos\alpha\end{aligned}\right\} \tag{6-11}$$

当起点为 ZH 点时，$X_Q、Y_Q$ 为 ZH 点坐标，l_Q 为 ZH 点里程；左偏时，将 $Y'_i = -Y_i$ 代入；当起点为 HZ 点时，$X_Q、Y_Q$ 为 HZ 点坐标，l_Q 为 HZ 点里程。右偏时，将 $Y'_i = -Y_i$ 代入。

3. 桥墩台位于圆曲线上

如图 6-19 所示，当桥墩台位于圆曲线上时，圆曲线半径为 R，起点里程为 l_Q，起点坐标为

X_Q、Y_Q,起点的切线方位角为 α,曲线上一点 i(桩号 l_i)的坐标可用下式直接求得(左偏时,"±"号取"-";右偏时,取"+"):

$$L = |l_i - l_Q| \tag{6-12}$$

$$S = 2R\sin\frac{L}{2R} \tag{6-13}$$

$$\alpha_i = \alpha \pm i = \alpha \pm \frac{L \times 180°}{2\pi R} \tag{6-14}$$

$$X_i = X_Q + S \times \cos\alpha_i \tag{6-15}$$

$$Y_i = Y_Q + S \times \sin\alpha_i \tag{6-16}$$

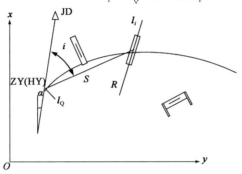

图 6-19 圆曲线墩台坐标计算

现就以上所讲桥墩位于直线、缓和曲线和圆曲线上的综合线路的坐标计算,举例如下:

江滩特大桥平面位于半径 2000m,缓和曲线为 250m 的右偏曲线上,线路交点里程为 K7+025.271,坐标为(70183.437,7298.688),偏角为 42°46′15.6″,起始边方位角 $\alpha = 188°38′3.6″$,切线长 $T = 908.701$m,求直线上(K5+820)、缓和曲线(K6+140)、圆曲线上(K6+435)各点的中线坐标。

【解】:1. 计算各主点里程及坐标

直缓点里程(ZH):K7+025.271 − 908.701 = K6+116.57

缓圆点里程(HY):K6+116.57 + 250 = K6+366.57

圆缓点里程(YH):K7+025.271 + 908.701 − 250 = K7+609.56

缓直点里程(HZ):K7+025.271 + 908.701 = K7+859.56

$X_{ZH} = 70183.437 + 908.701 \times \cos(188°38′3.6″ + 180°) = 71081.839(m)$

$Y_{ZH} = 7298.688 + 908.701 \times \sin(188°38′3.6″ + 180°) = 7435.109(m)$

$X_{HZ} = 70183.437 + 908.701 \times \cos(188°38′3.6″ + 42°46′15.6″) = 69616.583(m)$

$Y_{HZ} = 7298.688 + 908.701 \times \sin(188°38′3.6″ + 42°46′15.6″) = 6588.467(m)$

2. 计算待求点的坐标

里程 K5+820 处坐标:

$X = X_{ZH} + (l_{ZH} - l_i) \times \cos(\alpha + 180°) = 71081.839 + (6116.57 - 5820) \times \cos(188°38′3.6″ + 180°) = 71375.048(m)$

$Y = Y_{ZH} + (l_{ZH} - l_i) \times \sin(\alpha + 180°) = 7435.109 + (6116.57 - 5820) \times \sin(188°38′3.6″ + 180°) = 7479.632(m)$

里程 K6+140 处坐标：
$L = |l_i - l_Q| = 6140 - 6116.57 = 23.43(\text{m})$
$C = Rl = 2000 \times 250 = 5 \times 10^5$

$$X'_i = L - \frac{L^5}{40C^2} + \frac{L^9}{3456C^4} - \frac{L^{13}}{599040C^6}$$

$$= 23.43 - \frac{23.43^5}{40 \times (5 \times 10^5)^2} + \frac{23.43^9}{3456 \times (5 \times 10^5)^4} - \frac{23.43^{13}}{599040 \times (5 \times 10^5)^6}$$

$$= 23.430(\text{m})$$

$$Y'_i = \frac{L^3}{6C} - \frac{L^7}{336C^3} + \frac{L^{11}}{42240C^5}$$

$$= \frac{23.43^3}{6 \times (5 \times 10^5)} - \frac{23.43^7}{336 \times (5 \times 10^5)^3} + \frac{23.43^{11}}{42240 \times (5 \times 10^5)^5}$$

$$= 0.004(\text{m})$$

$$X_i = X_Q + X'_i \cos\alpha - Y'_i \sin\alpha$$
$$= 71058.678(\text{m})$$
$$y_i = Y_Q + X'_i \sin\alpha + Y'_i \cos\alpha$$
$$= 7431.587(\text{m})$$

依据以上方法，可计算出
$$X_{\text{HZ}} = 70835.551\text{m}$$
$$Y_{\text{HZ}} = 7392.444\text{m}$$

里程 K6+435 处坐标：
$$L = |l_i - l_Q| = |6435 - 6366.57| = 68.43(\text{m})$$
$$S = 2R\sin\left(\frac{L}{2R}\right) = 2 \times 2000 \times \sin\left(\frac{68.43}{2 \times 2000}\right) = 68.427(\text{m})$$
$$\alpha_i = \alpha \pm \frac{L \times 180°}{2R \times \pi} = 192°12'55.1'' + \frac{68.43 \times 180°}{2 \times 2000 \times 3.1415926} = 193°11'43.7''$$
$$X_i = X_Q + S \times \cos\alpha_i = 70835.551 + 68.427 \times \cos 193°11'43.7'' = 70768.931(\text{m})$$
$$Y_i = Y_Q + S \times \sin\alpha_i = 7392.444 + 68.427 \times \sin 193°11'43.7'' = 7376.824(\text{m})$$

由于卡西欧 fx-4500PA 计算器已经普遍应用于工程单位施工中，特编写一套综合曲线程序，此程序适用于计算其基本形曲线任一点坐标及边桩坐标。

程序如下：

L1　Defm 6

L2　Lbl 0：A"LS1"：B"LS2"：R：F"A1"：G"A2"：H"K(ZH)"：I"X(ZH)"：J"Y(ZH)"：M"K(HZ)"：O"X(HZ)"：P"Y(HZ)"：E：N"L(1),R(-1)"：{K,Q,U}

L3　K<H⇒Z=F+180：S=0：X=H-k：Y=0：Z[5]=I：Z[6]=J：Z[3]=-1：T=0：Goto 2◢

L4　K≤(H+A)⇒Z=F：S=N：B=A：L=K-H：Z[3]=1：Z[5]=I：A[6]=J：Goto 1◢

L5　K≤(M-B)⇒Z=F：S=N：Z[3]=A：Z[5]=I：Z[6]=J：T=180×(K-H-A)/(R×π)+90×A/π/R：Goto 3◢

L6　K<M⇒Z=G+180：S=-N：Z[5]=O：Z[6]=P：Z[3]=-1：L=M-K：Goto 1◢

L7　$K > M \Rightarrow Z = G : S = 0 : X = K - M : Y = 0 : Z[3] = 1 : Z[5] = 0 : Z[6] = P : T = 0 \triangle$

L8　Lbl 2 : $V = Z - S \times \tan^{-1}(Y/X) : D = \text{Pol}(X, Y) : Z[1] = D \cos V + Z[5] :$ "XM = " ▲ $Z[2] = D \times \sin V + Z[6] :$ "YM = " ▲ Q "RIGHT DIS" : $Z[1] + (Q + E) \times \cos(Z - S \times T + 90 \times Z[3]) :$ "XR = " ▲

L9　$Z[2] + (Q + E) \times \sin(Z - S \times T + 90 \times Z[3]) :$ "YR = " ▲ U "LEFT DIS" : $Z[1] + \cos(Z - S \times T - 90 \times Z[3]) \times (U - E) :$ "XL = " ▲ $Z[2] + \sin(Z - S \times T - 90 \times Z[3]) \times (U - E) :$ "YL = " ▲ Goto 0

L10　Lbl 1 : $T = L^2/R/B/\pi \times 90 : C = R \times B : X = L - L^5/40/C + L^9/3456/C^4 - L^{13}/599040/C^6 : Y = L^3/6/C - L^7/336/C^6 + L^{11}/42240/C^5 :$ Goto 2 △

L11　Lbl 3 : $X = R \times (1 - \cos T) + A^2/24/R - A^4/2688/R^3 :$ Goto 2

注：A-第一缓和曲线；B-第二缓和曲线；R-圆曲线半径；F-直缓点处切线方位角；G-缓直点处切线方位角；H-直缓点里程；I-直缓点 X 坐标值；J-直缓点 Y 坐标值；M-缓直点里程；O-缓直点 X 坐标值；P-缓直点 Y 坐标值；E-偏距；N-当右偏时，输入 -1，左偏时，输入 $+1$；K-待求点里程；U,Q-左右边桩距离。

(二)铁路桥墩台坐标计算

1. 直线桥坐标计算

如图 6-20 所示，铁路直线桥梁中心线与线路中心线吻合，即桥梁墩台中心均位于桥轴线方向上。在桥梁施工坐标系统中，各墩台中心的横坐标 $x = 0$。控制点 B 的里程等于控制点 A 的里程加桥轴线长，已知各墩台中心设计里程，则各墩台中心的纵坐标等于墩台中心与控制点的里程之差。

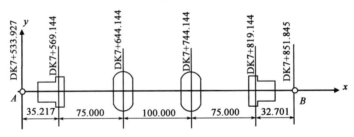

图 6-20　直线桥坐标计算(尺寸单位：m)

设控制点 A 的里程为 DK_A，第 i 号墩的里程和纵横坐标分别为 DK_i 和 x_i、y_i，则：

$$\begin{cases} x_i = \text{DK}_i - \text{DK}_A \\ y_i = 0 \end{cases} \quad (6\text{-}17)$$

2. 曲线桥墩台坐标计算

(1) 桥梁在曲线上的布置

如图 6-21 所示，桥梁位于曲线上，线路中线呈曲线，而每孔梁中线是直线，两者不吻合。梁在曲线上布置是将各跨梁的中线连接起来，成为与线路中线基本符合的折线，这条折线称为桥梁工作线，

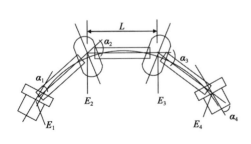

图 6-21　曲线桥坐标计算

也称为墩中心距,用 L 表示。桥墩的中心一般位于工作线转折角的顶点上。相邻梁跨工作线所构成的偏角 α 称为桥梁偏角。

在桥梁设计中,梁中心线的两端并不位于线路的中心线上,因为如果位于线路的中线上,梁的中部线路必然偏向量的外侧,当列车通过时,梁的两侧受力不均。为了尽可能使受力均匀,就必须将梁的中线向外侧移动一段距离 E,这段距离称为桥梁偏距。由于桥梁偏角 α 很小,故可以认为偏距 E 就是桥梁工作线各转折点相对线路中线外移的距离。

桥梁偏角 α、偏距 E、墩中心距 L 在设计图中均已给出,这里不再讨论。

(2)墩台中心坐标计算

铁路桥梁坐标系统一般采用切线坐标系统,所以可以 ZH、HZ 分别建立坐标系,计算墩台坐标,分别利用两个坐标系测设,无须统一在一个坐标系中。坐标系以 ZH(HZ)为坐标原点,ZH(HZ)至 JD 方向为 X 轴正向,过原点垂直于切线方向为 Y 轴。

①墩台位于缓和曲线上

如图 6-22 所示,A 为工作线交点,A' 为桥墩横向轴线与线路中线的交点。计算线路中线上 A' 点的坐标公式为:

$$x'_A = l - \frac{l^5}{40R^2 l_0^2} \tag{6-18}$$

$$y'_A = \frac{l^3}{6Rl_0} - \frac{l^7}{336R^3 l_0^3} \tag{6-19}$$

式中:R——圆曲线半径;

l_0——缓和曲线全长;

l——计算点至 ZH(HZ)的曲线长。

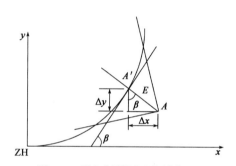

图 6-22 缓和曲线墩台坐标计算(1)

如图 6-22 所示,工作线交点 A 的坐标为:

$$x_A = x'_A + \Delta x = x'_A + E\sin\beta \tag{6-20}$$

$$y_A = y'_A + \Delta y = y'_A + E\cos\beta \tag{6-21}$$

$$\beta = \frac{90°l^2}{\pi R l_0} \tag{6-22}$$

上述式中,β 为缓和曲线上任一点的切线角;x'_A、Δx 始终为正;在第一象限 y'_A 为正,Δy 为负;在第四象限 y'_A 为负,Δy 为正。

②墩台位于圆曲线

如图 6-23 所示,工作线交点坐标计算公式为:

$$x_C = (R+E)\sin(\beta_0 + \theta) + m \tag{6-23}$$

$$y_C = (R+P) - (R+E)\cos(\beta_0 + \theta) \tag{6-24}$$

$$\theta = \frac{180°}{\pi R}S$$

式中:C——工作线交点;

θ——C' 至 HY 点弧长 S 所对的圆心角。

在第一象限 y_C 为正值,在第四象限 y_C 为负值。

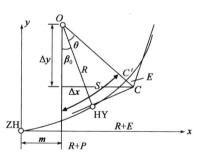

图 6-23 圆曲线上墩台坐标计算(2)
C'-交点所对应的线路中线点

以上铁路墩台中心坐标计算同样可以使用本节提供的程序计算。

三、墩台纵横轴线测设

为了进行墩台施工的细部放样,需要对其纵、横轴线进行测设。在直线上,纵轴线是过墩台中心平行于线路方向的轴线;曲线上是过墩台中心与该点切线方向平行的轴线。而横轴线即是过墩台中心与纵轴垂直的轴线(斜交桥横轴线则为与其纵轴线垂直方向成斜交角度)。

如图6-24所示,公路、铁路直线桥墩台纵轴线与桥轴线相重合,无须另行测设,在横轴线测设时,只需要在墩台中心架设仪器,自纵轴线方向测设90°角或90°减斜交角度,即为横轴线方向。

在曲线桥的墩台纵轴线测设时,如图6-24所示,由于相邻墩台中心曲线长度为 l,曲线半径为 R,则:

$$\frac{\alpha}{2} = \frac{l}{2R} \times \frac{180°}{\pi} \tag{6-25}$$

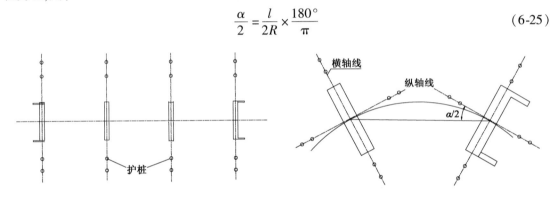

图6-24 墩台纵横轴线测设

测设时,需在墩台中心架设仪器,照准相邻的墩台中心,测设角度 $\alpha/2$ 角,即为纵轴线方向,横轴线与直线桥墩测设方法一致。

在施工过程中,墩台中心定位桩往往会被破坏,但施工中又经常需要恢复,因而在施工范围外就需要钉设护桩,依此来恢复墩台中心位置。在水中的桥墩,由于不能架设仪器,也不能钉设护桩,则暂不测设轴线,待筑岛、围堰或沉井露出水面以后,再利用它们钉设护桩,准确地测设出墩台中心及纵横轴线。

护桩就是在其纵横轴线上,于两侧不被干扰的位置各钉不少于两根的木桩,为了防止被破坏,可以多钉几根木桩。由于在曲线上,护桩纵横交错,极易混淆,这就需要对其进行编号,将其注明在木桩上。

四、明挖基础施工测量

明挖基础也是桥墩台基础常用的一种形式。它就是在墩台位置处先挖一基坑,挖至基底设计高程后,将坑底整平后,然后在基坑内砌筑或灌注混凝土基础及墩台身,当基础及墩台身出地面后,再用土回填基坑。

在进行基坑开挖边线放样时,首先钉出墩台,根据纵横轴线护桩,在实地交出十字线,根据基坑的长度和宽度(应考虑预留 0.3~0.5m 立模及支撑宽度)放出 A、B、C、D 角桩,撒白灰线即可。

在平坦地形,依照此方法即可放样出基坑边界线(图 6-25),然而在桥梁施工当中,往往难免会遇到倾斜地面和开挖深度较大,坑边要设一定的坡度,放样基坑边界线可采用试探法放样,根据坑底与原地面的高差及坑壁坡度计算开挖边界线与坑边的距离,而坑边至纵横轴线的距离已知,则可根据图 6-26 所示的关系,按下列公式即可求出墩台中心至开挖边界线的距离 D:

$$D = \frac{B}{2} + H \times m \quad (6\text{-}26)$$

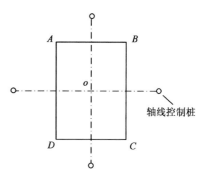

图 6-25 平坦地面基坑边界线

式中:D——坑底的长度或宽度;
H——原地面与坑底的高差;
m——坑壁坡度系数的分母项。

在地面上测设出开挖边界线后,根据角桩撒白灰线,依据灰线进行基坑开挖。当基坑开挖到设计高程后,将坑底整平,进行基础及墩台身的立模(图 6-27)放样时,应将经纬仪架设在轴线上较远的一个护桩上,以另一个护桩定向,这时经纬仪的视线方向即为轴线方向。模板安装时,使模板中心线与视线重合即可。当模板的位置在地面下较深时,可以利用基坑两边设两个轴线控制桩,用两点拉线绳及垂球进行模板的安装。

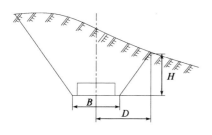

图 6-26 基坑开挖边线放样

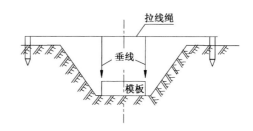

图 6-27 基础立模

五、桩基础施工测量

桩基础是桥梁墩台基础常用的一种形式,其测量工作主要有:桩基础中心位置测设、纵横轴线桩测设、护筒定位测量、桩的倾斜度和深度测定等。

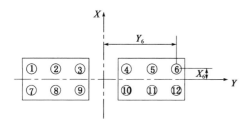

图 6-28 支距法放样钻孔中心

1. 桩基础中心测设

各桩中心位置的测设则是以桥墩台纵横轴的为坐标轴,用支距法测设,如图 6-28 所示。

如果全桥采用的是统一的大地坐标系(独立坐标系)计算出的各桩位中心位置坐标,就可以利用全站仪直接在桥位导线控制点或任意点置镜,采用极坐标法放样出各桩中心位置。

2. 轴线护桩测设

桩基础纵横轴线可按前章所述的方法进行测设。

3. 护筒定位

如图 6-29 所示，根据实际情况，护筒采用砖护筒或钢板护筒。护筒中心应与桩中心位于同一垂线时，测护筒顶高程。

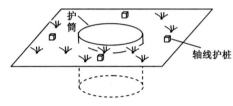

图 6-29 轴线桩测设及护筒定位

4. 孔深与桩倾斜度测量

钻孔桩或挖孔桩的深度用一定重量的测锤和校验过的测绳测定。在钻孔过程中测定钻杆的倾斜度，用以测定孔的倾斜度，或利用钻机上的调整设备进行校正，使孔的倾斜度不超过施工规范要求。

在桩基础灌注完成后，放样承台开挖边线，方法与明挖基础相同，弹墨线开挖至承台底高程，在桩上用红油漆标出桩顶设计高程位置，凿去上部废桩，对每个桩的中心位置应再进行重新测定，并检查桩位误差，作为竣工资料。然后平整基底，放样墩台中心及角桩，弹出墨线，以便立模。

六、墩身平面位置和高程放样

(一) 墩台身平面位置放样

当基础浇筑好后，就应对墩台身进行施工放样，墩台身的放样。还是以纵横轴线为依据的，首先应在其基础顶面或每一节段顶面上测设出墩台身的中心位置及纵横轴线，以作为下一节段立模的依据。根据纵横轴线及中心位置用墨斗弹出立模边线，立模时，在模板外侧需先画出墩台中心线，然后在纵横轴线的护桩上架设经纬仪，照准该轴线上另一护桩，用该方向线调整模板的位置。

(二) 高程放样

墩台高程放样就是将桥墩台的高度控制在设计高程。常规的水准测量操作简单，速度快。但在桥梁施工中，由于墩台基础或顶部与水准点之间高差较大，用其方法传递高程极为不方便。所以在桥梁施工中，除了用水准测量外，还常常用三角测量法、垂吊钢尺法等，现就水准测量法、垂吊钢尺法作以说明，三角测量法就不再详述。

1. 水准测量法

水准测量就是从一个水准点测至另一个水准点进行附合（闭合）测量。水准测量放样就是在其墩台上测设出已知高程，用以施工。如图 6-30 所示，已知控制点 A 高程 H_A，要测设帽梁底模（或托盘）B 点高程 H_B，须按以下方法进行：

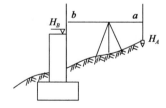

图 6-30 水准仪测设高程

(1)在控制点与桥墩位大致中间位置架设水准仪;
(2)在控制点 A 点立水准尺,读后视读数 a;
(3)根据以下公式求出放样数据(后视读数):

$$b = H_A + a - H_B \tag{6-27}$$

(4)在桥墩间上下移动水准尺直至读数为 b(前视读数)为止。

为了提高放样速度,常在其桥墩某位置先画好标记,测出其高程,再计算出与 B 点的高差,然后用钢尺量出距离即可。

当桥墩较高时,可采用倒尺进行高程放样。特别注意的是在高程计算时,是加前视读数。

2. 垂吊钢尺法

当桥墩施工到一定高度时,水准测量就无法将高程传递至工作面,而工作面上架设棱镜又不方便时,这时,可用检定过的钢尺进行垂吊测量。

如图 6-31 所示,用钢尺进行垂吊测量时,在工作面边缘用钢尺垂吊一定质量的重物,零刻度朝下,在钢尺静止时,在工作面边缘读取钢尺读数 c,在某一水准点与桥墩中间适当位置架设水准仪,用水准测量的方法在水准点上立一水准尺,后视读数 a,在钢尺上前视读数 b,则工作面边缘的高程为:

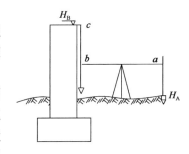

图 6-31 垂吊钢尺传递高程

$$H_B = H_A + a - b + c \tag{6-28}$$

注:上式未对钢尺进行改正,在计算时应对其进行改正。

垂吊钢尺法测量高程,在桥梁施工中,不失为一种传递高程的好方法。至于选择哪一种方法,需根据现场实际情况而定。

子任务五　桥梁上部结构施工测量

一、铁路桥墩台顶帽放样

当墩台砌筑至距顶帽底约 30～50 cm 时,应根据纵横轴线的护桩恢复其纵横轴线,纵横轴线的恢复即是在墩台身一侧的护桩上架设经纬仪,照准另一侧的护桩。但由于墩台身浇筑以后,视线受阻,无法通视,此时,就需要在墩身尚未阻挡之前先将其轴线用红油漆标记在已浇筑的墩身上,以后恢复轴线只需要将经纬仪架设在护桩上,照准这个方向标志点即可。然后根据纵横轴线支立墩台帽模板,安装锚栓孔、钢筋。并根据设计图纸所给的数据,从纵横轴线放出预埋支座垫石钢筋位置,为确保顶帽中心位置、预埋件位置的正确,在浇筑混凝土之前,应再进行一次复核。在全站仪普遍应用于施工单位的当今社会,也可将预埋件位置直接放样在已绑好的钢筋骨架上。

顶帽立模应注意轴线关系(图 6-32～图 6-34),如基础中心线、墩中心线、梁工作线之间及支座布置。

1. 直线桥顶帽布置图(图 6-32)

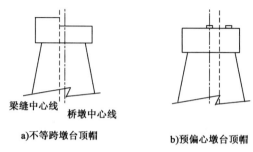

图 6-32　墩台中心线关系

2. 直线桥支座布置详图(图 6-33)

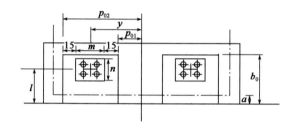

图 6-33　单跨梁直线桥顶帽支座布置

3. 曲线桥支座布置详图(图 6-34)

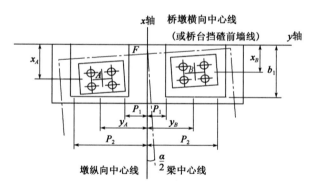

图 6-34　单跨梁曲线桥顶帽支座布置

4. 放样计算

(1) 支撑垫石角点坐标

$$\begin{cases} b_1 = (b_0 + F)\cos\dfrac{\alpha}{2} + \left(y + \dfrac{m}{2}\right)\sin\dfrac{\alpha}{2} \\ p_1 = p_{01}\cos\dfrac{\alpha}{2} - \left(l + \dfrac{n}{2} + F\right)\sin\dfrac{\alpha}{2} \\ p_2 = p_{02}\cos\dfrac{\alpha}{2} + \left(l + \dfrac{n}{2} + F\right)\sin\dfrac{\alpha}{2} \end{cases} \quad (6\text{-}29)$$

(2)支座中心坐标

$$\begin{cases} x_A = (l+F)\cos\dfrac{\alpha}{2} + y\sin\dfrac{\alpha}{2} \\ x_B = (l+F)\cos\dfrac{\alpha}{2} - y\sin\dfrac{\alpha}{2} \\ y_A = y\cos\dfrac{\alpha}{2} - (l+F)\sin\dfrac{\alpha}{2} \\ y_B = y\cos\dfrac{\alpha}{2} + (l+F)\sin\dfrac{\alpha}{2} \end{cases} \quad (6\text{-}30)$$

二、现浇箱梁施工放样

现浇箱梁施工就是在桥孔位置搭设支架,并在支架上安装模板,绑扎及安装钢筋骨架,预留孔道,并在现场浇筑混凝土与施工预应力的施工方法。其断面控制测量就是对其各断面的平面位置及高程进行控制。为了保证箱梁的线形平顺,至少每5m为一个断面,计算箱梁底板中线、两侧边线和两侧翼缘板的三维坐标,现分述如下。

(一)计算各断面的平面坐标

根据其中桩坐标(X_0、Y_0)、各断面与线路中心的交点切线方位角 α 及左右侧距离 D,计算出各点坐标:

$$X = X_0 + D \times \cos(\alpha \pm 90°) \quad (6\text{-}31)$$
$$Y = Y_0 + D \times \sin(\alpha \pm 90°) \quad (6\text{-}32)$$

式中:X_0、Y_0——计算断面中线点坐标;

D——横断面上计算点至中线点的距离;

α——过中线点的切线方位角。

边桩坐标计算此处不再详述。放样各断面点位可利用两个导线点,一点架设仪器,一点作为后视点定向,放样出各断面上的点,以此指导支立模板、安装钢筋骨架,预应力安装等工序的施工。

(二)高程控制

如图6-35所示,高程放样点为①、②、③、④、⑤点,计算分为两步,首先计算断面中线点高程,再计算断面方向上各点高程。下面以实例说明计算方法。

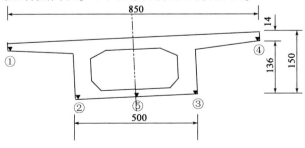

图6-35 箱梁断面示意图(尺寸单位:cm)

【例题】 某高速公路互通立交桥资料,桥全长 225.08m,为 $3 \times 2300 + 3 \times 2700 + 3 \times 2300$ (cm)连续梁。从设计图中可知:箱梁横向坡度 7‰、竖曲线起点里程 K0+602.180、终点里程 K0+747.820、竖曲线 $R = 2000\text{m}$、$i_1 = +4.282\%$、$i_2 = -3.000\%$、边坡点里程 K0+675。以 K0+614.019 断面为例,该断面位于第 1 跨,跨距 23m,考虑施工误差,全桥高程整体下移 0.015m。

1. 1号墩中心坡道高程

如图 6-36 所示,1号墩中心里程 K0+599.019,坡道高程计算如下:

$$H_{坡} = 493.471 + 0.138 + 0.04 - 0.015 = 493.634(\text{m})$$

2. K0+614.019 断面中心高程

预拱度

$$y = k(L-x)x \tag{6-33}$$

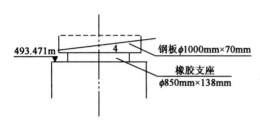

图 6-36 1号墩身上部支座

式中:L——跨距;

x——计算段面至起点(起算墩中心)的距离;

k——系数,为试验数据。

该桥 23m 跨距 $k = 0.00015$;27m 跨距 $k = 0.000137$。

$$y = 0.00015 \times (26-15) \times 15 = 0.018(\text{m})$$

3. 纵向坡道高程

$$H'_i = H_{坡} + x \times i = 493.634 + 15 \times 0.04282 = 494.276(\text{m})$$

4. 底板中心⑤的高程

$$H_{中} = H'_i + y - \frac{l^2}{2R} = 494.276 + 0.018 - \frac{11.839^2}{2 \times 2000} = 494.259(\text{m})$$

式中:l——计算断面至竖曲线起点的距离。

5. ①、②、③、④点高程

不考虑梁顶面倾斜引起的误差,根据图 6-35 断面各部位尺寸,各点高程为:

$$H_1 = 494.259 + 1.5 - \frac{8.5}{2} \times 0.07 - 0.14 = 495.322(\text{m})$$

$$H_4 = 494.259 + 1.5 + \frac{8.5}{2} \times 0.07 - 0.14 = 495.917(\text{m})$$

$$H_2 = 494.259 - \frac{5.0}{2} \times 0.07 = 494.084(\text{m})$$

$$H_3 = 494.259 + \frac{5.0}{2} \times 0.07 = 494.434(\text{m})$$

根据各断面的点位进行模板安装,在采用支架法施工时,应对其支架预压前后高程的测量,以测得弹性变形,消除塑性变形。同时根据设计保留一定的预拱度,在浇筑过程中,对其变形进行跟踪测量,如果变形过大,应暂停施工,并采取相应措施。

三、悬臂法施工测量

(一)悬臂法施工放样

悬臂法施工放样过程与现浇梁放样基本相同,悬臂法放样是将悬吊在空中的模板根据设计图纸坐标及高程逐渐调整到设计位置,然后进行立模、绑扎钢筋、浇注混凝土等工序。现就其悬臂法放样的具体步骤详述如下:

1. 各节段施工放样

(1)根据桥位合理布置平面和高程控制网,平面控制网主要以误差最小,不易扰动或破坏,适于施工放样为原则。在以上章节有详述,在此不再赘述。高程控制首先应在 0 号块顶(墩中心梁顶位置)埋设水准点,然后根据相关规范及设计要求进行测量平差,形成高程控制网。

(2)在制作好的底模上分出其中心线及其边线点,以构成节段端头线,在此需要说明的是,应根据其模板和施工程序灵活布设施放点,以方便置镜,避免相互干扰。现就某悬臂法施工布设点位如图 6-37 所示,仅供参考,希望大家根据具体情况具体分析、灵活运用。

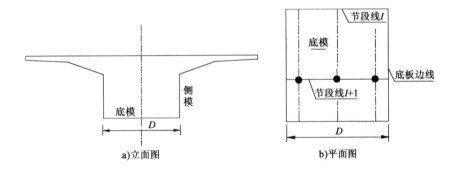

图 6-37　测点布设

(3)模板放样。

①对模板高程进行粗平,并在底板上测设出计算好的节段线中心点。

②用钢卷尺丈量测设点至中心线的垂距,如测设点不经过其中心线,应对底模进行调整,直至中心点经过底模中心线为止。

③复核中心点高程,如其与设计不符,应对其进行调整,然后对中心点进行复核。反复进行步骤③的工作,直至满足要求为准。

需要注意的是,在各节段放样完后,要复核其节段长度,以做到万无一失。特别是最后一节段,避免在合龙间距上留有过大的误差,而给合龙带来不必要的麻烦。

2. 合龙段施工放样

首先应检查悬臂端中轴线及其高程,通过监测数据分析找出最佳合龙条件,如相对高差不符合合龙要求,应对其进行预压(一般采用向箱梁内充水),以达到调整两端高程的目的,然后进行立模、绑扎钢筋、浇筑混凝土等工作。

(二)悬臂法施工线形控制

悬臂施工的线形控制测量就是根据施工监控所得的结构参数真实值进行施工阶段计算,确定出每个悬浇节段的立模高程,并在施工过程中根据施工监控的成果对误差进行分析,预测和对下一立模高程的调整,以此来保证成桥后桥面线形、合龙段两悬臂端高程的相对偏差不大于规定值以及结构内力状态符合设计要求。

悬臂施工控制测量的主要工作就在于高程的控制上,在曲线梁施工中,也要注意其轴线的控制。其控制程序具体如下:

1. 预拱度的确定

在预应力混凝土箱梁悬臂浇筑施工中,随着箱梁的延伸,结构自重将逐步施加于已浇筑的节段上,使其挠度逐渐增加而变化。因此,在各节段施工时需要有一定的施工预拱。但实际施工中,影响挠度的因素较多,主要有箱梁自重、挂篮变形、预施应力大小、施工荷载、混凝土收缩徐变、预应力损失、温度变化等。挠度控制将影响到合龙精度和成桥线形,对其必须进行精确的计算和严格的控制。通过实测,对设计部门给定的预拱度在一定范围作适当修正。

2. 立模高程的计算

现浇箱梁浇筑时各节段立模高程由几部分组成:

$$H_i = H_0 + f_i + (-f_{i预}) + f_{篮} + f_x \tag{6-34}$$

式中:H_i——待浇筑箱梁底板前端横板高程;

H_0——该点设计高程;

f_i——本次及以后各浇筑箱梁段对该点挠度影响值;

$f_{i预}$——各次浇筑箱梁段纵向预应力束张拉后对该点挠度影响值;

$f_{篮}$——挂篮弹性变形对该点挠度影响值;

f_x——由收缩、徐变、温度、结构体系转换、二期恒载、活载等影响值。

3. 挠度观测

为了保证其合龙线形及施工质量,在每段施工完毕后,对其定时定点进行挠度观测,并对其观测数据进行分析研究处理,找出最佳合龙条件(时间、温度等),使其成桥质量能够满足精度要求。

(1)测点布置

箱梁施工当中,在每一节段悬臂端梁顶设立高程观测点和一个箱梁轴线控制点。

高程观测点用短钢筋预埋,短钢筋伸出长度比对应箱梁截面混凝土表面高出 5mm,其顶端应平滑,轴线控制点用 5cm×5cm 方形钢板预埋,既作为顶面高程和挠度的控制点,又是轴线的控制点。其点位应注明编号,并采用相应的保护措施。观测点位置应选择在具有代表性和不影响挂篮施工的部位,如图 6-38 所示。

(2)测量时间

测量时间应在早晨 7:00 左右和下午 17:00 以后进行。在必要时,应对温度引起的挠度进行测量。在为了找出温度变化引起的主梁挠度变化的规律,对于一些重点工况,在荷载不变的情况下,分别在早晨 6:00 左右(即温度最低)和中午 12:30~14:30(即温度较高)间对其挠度进行测量,找出温度变化较大时挠度变化的极值,从而为确定待施工各节段预拱提供较为可靠的依据。在有必要时,应对桥梁温度分布规律及其温度效应,进行试验和理论研究,找出最佳的合龙时间和最佳的合龙温度,以及在此基础上对关键的施工工序提出适当的温度要求。

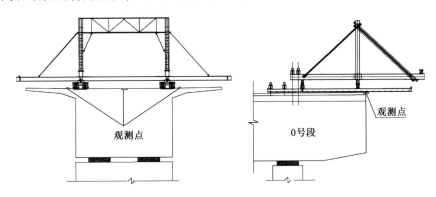

图 6-38　节段测点布设

(3) 立模高程的测量

选择有代表性的点进行测量,测量时应避开温差较大的时段。在立模到位、测量完毕后,监理单位应对施工各节段的立模高程进行复测,监控单位不定期抽测。

(4) 主梁顶面高程的测量

在某一施工工况完毕后,对梁顶面混凝土高程进行直接测量。在测量过程中,同一截面测三个点,根据其横坡取其平均值,这样可得到梁顶面的高程值。同时,根据不同的施工工况观察梁的挠度(反拱)变化值,按给定的立模高程(含预拱度)立模,也可得到梁顶面的高程值。两者进行比较后,可检验施工质量。

(5) 多跨线形通测和结构几何形状测量

施工当中除要保证各跨线形在控制范围内,还应对其梁全程线形不定期进行通测,确保全桥线形的协调性。结构几何形状的测量主要包括:左右幅箱梁上下表面的宽度、腹板厚度、顶板和底板厚度、箱梁截面高度及施工节段的长度。

(6) 对称截面相对高差的测量

当两"T"构施工节段相同时,对称截面的相对高差可直接进行测量和分析比较。当施工节段不同时,对称节段的相对高差不满足可比性,此时,可选择较慢的一边最末端截面和较快的一边已施工的对应截面作为相对高差的测量对象,在测量过程中,同一对称截面可测多点,根据其横坡取其平均值,可得到对应点的相对高差。

四、梁体架设的测量工作

梁体施工是桥梁主体结构施工的最后一道工序。桥梁上部结构较为复杂,对其墩台方向、跨距、尺寸及高程都需要以较高的精度进行测量。由于各种桥梁结构不同,使得施工时的控制方法各异,在此仅对常见的几种加以说明。

墩台施工时,对其方向、中心点位、纵横轴线以及高程做了相关精度的测定。但当时是以各墩台为独立单元体进行测定的,而梁体架设时则需要将其相邻墩台联系起来,并考虑相关精度、中心点距离及高程等都应符合设计要求。

桥梁中心线的测定在直线部分可采用准直法，用经纬仪正倒镜进行观测，刻画方向线。如果跨度较大时，应逐墩进行左右角观测。曲线部分，可采用偏角法或坐标法进行测定。

跨距测定可采用光电测距仪进行观测，在已刻画的方向线的大致位置上，适当调整使其中心里程与设计里程完全一致。在中心点上架设经纬仪放出里程线，与方向线正交，形成墩台十字中心线，便于以此精确放出支座底板中心线，弹出墨线。

墩台顶面高程用精密水准测定，构成水准路线，附合到桥梁高程控制点上。

梁体架设测量的主要工作在于平面控制上。在架设前，应在梁顶部和底部分中点作出标记，架梁时用以测量梁体中心线与支座中心线的偏差值。在梁体安装基本到位后，应通过不断微调以保证梁体的平面位置准确。

五、桥台锥体护坡放样

如图 6-39 所示，在路堤与桥台连接处，为保护桥台后路基不受冲刷，桥台两侧筑成锥体形的填土并用石料铺砌锥体表面，称为锥体护坡。

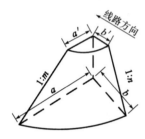

图 6-39 锥体护坡

锥体护坡坡脚及基础通常为椭圆形曲线，基边坡按规定，当路堤填土高度小于 6m 时，锥体坡度平行于线路方向为 1:1，横向垂直于线路方向的坡度 1:1.5，大于 6m 时，路基面下超过 6m 部分纵向坡度由 1:1 变为 1:1.25，横向坡度 1:1.5 变为 1:1.75。

锥体护坡的放样，可先求出坡脚椭圆形的轨迹线，然后依此测设到地面上。现就测设锥体护坡椭圆形曲线常用的坐标值量距法分述如下：

此法适用于锥坡不高、干地、底脚地势平坦。桥涵中心与水流方向正交的情况下，用椭圆曲线放样时，也可采用此法。

（一）内侧量距法

已知锥坡的高度为 H，两个方向的坡率分别为 m、n，则椭圆的长轴 $a = mH$，$b = mH$。在实地确定锥坡顶点 O 的平面位置后，以 O 点为圆心，放样出 a、b 为半径的同心圆的四分之一，（当地形平坦时，可用拉绳放样）过 O 点拉直线，与同心圆分别相交于 I、J 两点，过 I、J 两点作平行于 X、Y 轴的直线，交于 P 点。P 点即为以 O 为圆，以 a、b 为长、短轴的椭圆上的点，如图 6-40a）所示，以此就可以在实地放样出锥坡底脚与基础的边缘线。由于 P 点为椭圆上的任意点，设 P 点坐标为 x、y。将长轴 a 分为 n 等分（等分越多，椭圆连线越平顺），相应于 n 等份的坐标 y 值，可按椭圆方程导出下式进行计算：

$$y = \pm \frac{b}{a}\sqrt{a^2-(na)^2} = b\sqrt{1-n^2} \tag{6-35}$$

一般情况下，取 n 为 10 即够用，每一等分的长度为 $a/10$，假定每一等份，则 $n_1 = 0.1a$，则 y_1 就等于 $0.995b$，依此类推，就可以将其他 $n-1$ 个点的坐标 $(x_i、y_i)$ 求出，将其连起来就为椭圆曲线的轨迹线，如图 6-40b）所示。

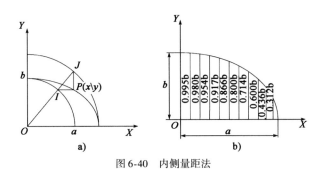

图 6-40　内侧量距法

(二) 外侧量距法

在桥涵施工中,为了减少回填工作量,路堤填土往往将开挖弃土放在锥坡位置,用内侧量距法不易放样锥坡,这时就需要平移 X、Y 轴的方法,从椭圆曲线的外侧向内侧量距。

以四分之一椭圆的长短轴 a、b 为直角坐标系的 X、Y 轴,椭圆上的一点 P 的坐标为 $(x、y)$,如图 6-41 所示,在 OX 轴上用钢尺将 a 分为 n 等分,且直尺按平行于椭圆短轴 b 的方向,量出各点相应的 y' 值,$y' = b - y$,依此可以放样出椭圆曲线上的一系列点,然后将其连接起来,就形成了锥体护坡的底脚边缘线。

当遇到斜交桥涵锥坡放样时,也可应用此法,但不能直接应用,必须依照桥台或涵洞轴线与线路中线的夹角 α(即斜度),将 a 值乘以不同的斜度系数 C。斜度系数 C 可按下式计算:

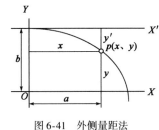

图 6-41　外侧量距法

$$C = \sec\alpha \tag{6-36}$$

由于坐标值量距法的常数值不因锥坡的变化而改变,施工人员只需要记住 10 个常数,知道椭圆短轴值,就可以在现场计算出椭圆曲线上的各点,定出曲线来,另外在其放样时,方法和器具都比较简单,且容易掌握,积聚以上优点,此法在桥涵锥体护坡施工中较常用。

六、涵洞施工测量

涵洞属于小型公路构筑物。涵洞施工测量时,用公路导线控制点就可以进行测量,不需要另外建立控制网。

涵洞施工测量时要首先放样出涵洞的轴线位置,即根据设计图纸上涵洞的里程,放样出涵洞轴线与线路中线的交点,并根据涵洞轴线与路线中线的夹角,放样出涵洞的轴线方向。

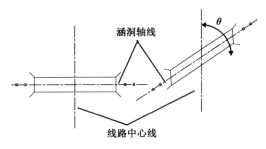

图 6-42　正交涵洞与斜交涵洞

放样直线上的涵洞时,依涵洞的里程,自附近测设的线路里程桩量出相应的距离即得涵洞轴线与线路中线的交点。若涵洞位于曲线上时,则采用曲线测设的方法定出涵洞轴线与线路中线的交点。根据地形条件,涵洞轴线与线路有正交,也有斜交。测设时将经纬仪架设在涵洞轴线与线路中线的交点上,测设出已知角度,即得涵洞轴线的方向,如图 6-42 所示。涵洞轴线应用大木桩标志在路线两线两侧涵洞的施工范围以外,且每侧应至少有两个。自涵洞轴线与线路中线的交点处沿涵洞轴线方向量出上下游的涵长,即得涵洞口的位置,涵洞口要用小木桩标志出来。

涵洞基础与基坑的开挖边界线根据涵洞的轴线测设,在基础轮廓线的转折处都要钉设木桩,如图 6-43 所示。为了开挖基础,还要根据开挖深度及土质情况定出开挖边界线,即所谓的边坡线。在开挖基坑时,很多桩都要挖掉,因此通常要在离基础边坡线 1.0~1.5m 处设置线板,在线板上用凹痕(图 6-44)表示出所有基础边沿与边墙在平面上的外形。当基坑挖好后,再根据线板上的凹痕将基础边线投放到坑底,作为砌筑基础的根据。

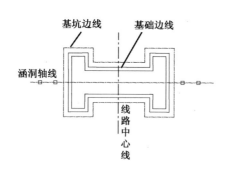
图 6-43 涵洞基础测设

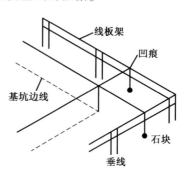
图 6-44 利用线板控制轴线

测量放样时,应注意涵长、涵底高程的正确性。对位于曲线和陡坡上的涵洞应考虑加宽、超高和坡度的影响。涵洞各个细部高程的测定均用水准仪。对基础面的纵坡,当涵洞填土在 2m 以上时,应预留拱度,以便路堤下沉后仍能保持涵洞应有的坡度,此种拱度最好做成弧形,但应使进水口高程高于涵洞中心高程,以防积水。基础建成后,安装管节或砌筑涵身时均以涵洞轴线为基准,即自轴线与线路中线的交点,量出相关的尺寸。

涵洞细部的高程放样,一般采用附近的水准点用水准测量或三角高程测量的方法进行。

涵洞施工测量的精度要求比桥梁施工测量的精度要求低。在平面放样时,主要是保证涵洞轴线与公路轴线保持设计的角度,即控制涵洞的长度。在高程放样时,要控制洞底与上下游的衔接,保证水流畅通。对人行通道(简称人孔)或小型机动车通道(简称机孔),保证洞底纵坡与设计图纸一致,不得积水。

子任务六 桥梁沉降监测

一、沉降观测简介

随着工业与民用建筑业的发展,各种复杂而大型的工程建筑物日益增多,工程建筑物的兴建,改变了地面原有的状态,并且对于建筑物的地基施加了一定的压力,这就必然会引起地基及周围地层的变形。沉降观测即根据建筑物设置的观测点与固定(永久性水准点)的测点进行观测,测其沉降程度用数据表达,凡一层以上建筑、构筑物设计要求设置观测点,人工、土地基(砂基础)等,均应设置沉陷观测,施工中应按期或按层进度进行观测和记录直至竣工,桥梁主体竣工后,沉降变形监测期不应少于6个月,岩石地基等良好地质的桥梁,沉降变形观测期不应少于2个月。观测数据不足或工后沉降评估不能满足设计要求时,应适当延长观测期。

二、桥梁沉降产生的原因

(1)桥梁自重和其上所行驶的车辆重量极易导致桥梁出现变形,从而诱发桥梁沉降。

(2)桥梁施工中多采用一般黏性土来作为回填土,完成施工后将其压实,但由于回填土压实作业难度大,施工后往往会由于压不实导致压实密度无法满足需求,从而导致沉降变形。

(3)桥梁施工中与桥头部分连接所设置的搭板所产生的弹性力会作用在桥墩上,从而导致桥头呈现出不均匀受力的状态,在桥梁投入使用后车辆荷载的作用会导致桥头搭板两端荷载受力不均,从而导致搭板末端产生沉降。

三、沉降观测点

建筑物、构筑物和桥梁沉降观测的每个区域。必须有足够的数量和水准点,按《工程测量规范》(GB 50026—2007)规定并不得少于3个。沉降观测点规格尺寸多样,其主要要求应考虑永久使用,埋设坚固,沉降观测点(水准点)帽头用铜或不锈钢制成,不得生锈,如图6-45、图6-46所示。

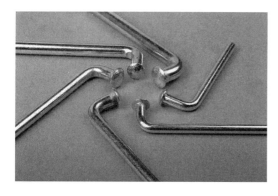

图6-45 沉降观测点

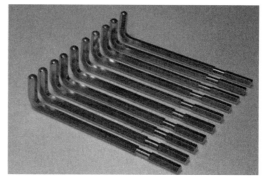

图6-46 沉降观测点

四、沉降观测点布设的基本原则

桥梁沉降变形应逐个墩台、进行布设,岩石地基、嵌岩桩基础的桥梁沉降变形可选择典型墩台进行布设。岩溶地区桥梁沉降变形应逐个墩台进行布设,如图6-47所示。

沉降观测点的布设一般应遵循以下基本原则。

(1)桥台观测标应设置在台顶(台帽及胸墙顶),测点数量不少于2对,分别设在台帽两侧及胸墙两侧(横桥向)。

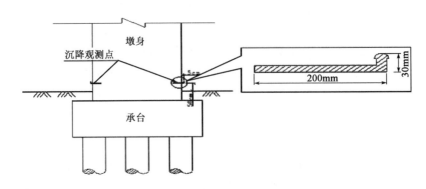

图 6-47　沉降观测点布设

（2）墩全高大于 14m 时，应埋设 2 个观测标。

（3）墩全高不大于 14m 时，埋设观测标不应少于 1 个。

（4）墩身观测标宜设置在墩底部高出地面或常水位 0.5m 左右的位置。

（5）设置 2 个观测标时，可在墩身两侧对称埋设。

（6）特殊情况可按照观测精度、观测方便、利于观测点保护的原则，确定合理的位置。

（7）路桥、路、路涵过渡段，不同结构物起点，距起点 10m、30m 处各设一断面。路涵过渡段宜在涵洞顶斜向设置横剖面管，并于涵洞两侧 2m 设一观测断面。

（8）一般路基填筑至路基基床表层顶面。加载预压路堤填筑至基底层表面后。在路基面设观测柱，进行路基面沉降观测，时间不少于 6 个月。

（9）观测点应设在同一横断面上，便于集中观测，统一观测频率和数据综合分析。一段路堤地段观测断面包括沉降观测桩和沉降板。沉降观测桩每断面设置 3 个，布置于双线路基中心及左右线中心两侧各 2m 处；沉降板每断面设置 1 个，布置于双线路基中心。

（10）软土、松软土路堤地段观测断面一般包括削面沉降管、沉降观测柱、沉降板和位移观测柱。沉降观测柱每断面设置 3 个，布置于双线路基中心及两侧各 2m 处，沉降板位于双线路基中心，位移观测边桩分别位于两侧坡脚外 2m、10m 处，并与沉降观测柱及沉降板位于同断面上，面沉降管位于基底。

（11）路地段观测断面分别于路基中心、左右中心线以外 2m 的路基面处各设 1 根沉降观测柱，观测路基面的沉降。

（12）观测点及观测元器件的埋设位置应符合设计要求，且标设准确、埋设稳定。观测期间应对观测点采取有效的保护措施，防止施工机械的碰撞，人为因素的破坏，务必使观测工作能顺利开展。

随着桥梁承台、墩柱的施工，沉降监测工作陆续展开。桥梁的沉降监测点有两种：一种是承台监测标；另一种是墩身监测标。在承台的一个对角位置各埋设一个承台监测标。当墩身监测标正常使用后，承台监测标随基坑回填将不再使用；一旦墩身监测标被破坏，可以利用承台监测标恢复墩身监测标，确保监测数据连续。墩身监测标启用时，要同时对墩身和承台监测标进行测量，并利用两种标志间的高差传递高程，确保各周期监测数据连续，如图 6-48、图 6-49 所示。

任务六 桥涵施工测量

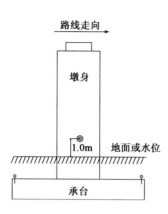

图 6-48 沉降观测点布设

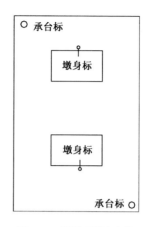

图 6-49 沉降观测点布设

五、沉降观测的实施

（1）沉降观测网一般在全线二等精密高程控制测量的埋设水准点及一般水准点的基础上建立，按照国家二等水准测量的技术要求，进一步加密水准基点或设置能够满足工作的沉降观测点。观测从已知高程基准点开始，依次测量工作基点及中间点，最后闭合至已知高程基准点。

（2）按照规定的频率，首次观测时每个往返测均进行两次读数。为提高观测精度，观测时采用固定的仪器及前后水准尺。观测线路拐弯除外，每一测站上仪器与前后视的三个位置一般应接近一条直线。

如遇大风水准尺不等稳定时，应停止作业，仪器脚架架设必须稳固，防止下沉，测量时避开震动源。

六、沉降监测的等级与精度

外业观测工作完成，分别以每个基准网为单位，利用稳定的基准点对基准网进行严密平差，计算各点的高程值。沉降观测基准网的精度为 ±1mm，读数取位至 0.01mm。观测中严格执行《国家一、二等水准测量规范》（GB 12897—2006）有关规定，如表 6-2 ~ 表 6-5 所示。

二等水准测量精度要求　　　　　　　　　　　　　　　　　表 6-2

水准测量等级	每千米水准测量偶然中误差 M_Δ	每千米水准测量全中误差 M_W	限　差			
			监测已测段高差之差	往返测不符值	符合路线或环闭合差	左右线路高差不符值
二等水准	≤1.0	≤2.0	$6\sqrt{L}$	$4\sqrt{L}$	$4\sqrt{L}$	—

注：1. 表中限差均以 mm 为单位。
　　2. L 为单程水准路线长度，以 km 为单位。

二等水准观测主要技术要求　　　　表6-3

等级	水准尺类型	水准仪等级	视距(m)	前后视距差(m)	测段前后视距累积差(m)	视线高度(m)
二等	钢瓦尺(条码)	DS1	≤50	≤1.0	≤3.0	下丝读数≥0.3
		DS0.5	≤60			

水准测量计算取位　　　　表6-4

等级	往(返)测距离总和(km)	往(返)测距离中数(km)	各测站高差(mm)	往(返)测高差总和(mm)	往(返)测高差中数(mm)	高差(mm)
二等	0.01	0.1	0.01	0.01	0.1	0.1

沉降观测基准网精度要求(mm)　　　　表6-5

等级	变形观测点的高程中误差	相邻变形观测点的高差中误差	相邻基准点高差中误差	每站高差中误差	往返较差、符合或环线闭合差	监测已测高差较差
三等	±1.0	±0.5	1.0	0.3	$0.6\sqrt{n}$	$0.8\sqrt{n}$

注:n 为测站数。

七、桥梁墩(台)沉降观测频次(表6-6)

桥梁墩(台)沉降观测频次　　　　表6-6

观测阶段		观测期限	观测频次	平行观测频次	备注
墩台施工到一定高度			1次	1次	设置观测点
墩台混凝土施工		全程	完成后一次	完成后一次	相应墩台
预制梁桥	制梁前	全程	1次/月	1次	
	上部结构施工中	全程	荷载变化前1次,荷载变化后前3d 1次/d	1次	
架桥机(运梁车)通过		全程	首次通过前1次,首次通过后前3d 1次/d,以后1次/周		相应墩台
桥梁主体工程完工后		第1~3个月	1次/周	1次/月	
		第4~6个月	1次/周	2次	
		6个月以后	1次/月		
隧道铺设期间		前后	1次	—	
轨道铺设完成后		第1个月	1次/2周	—	工后沉降长期观测
		第2~3个月	1次/月		
		4~12个月	1次/3月		
		12个月以后	1次/6月		

注:1.当环境条件发生变化或数据异常时应及时观测。
　　2.观测墩台沉降时,应同时记录结构荷载状态、环境温度及天气日照情况。
　　3.相应墩台为架梁引起荷载变化的墩台。

八、预测评估

(1)一般规定。

沉降变形评估应根据施工组织、构筑物间的变形协调关系成段进行。预测与评估方法应根据铁路等级、轨道类型、线下工程特点、地质条件、周边环境与后期荷载等因素进行选择。评估工作应在沉降变形观测期满足要求后进行。评估过程中发现异常现象或对原始记录资料存在疑问,应进行分析并反馈给相关单位。评估应在下列资料的基础上进行:①沉降变形观测报告;②沉降变形平行观测报告;③沉降变形观测监理工作报告;④沉降变形相关设计资料。评估应考虑特殊岩土、冻胀及区域沉降等因素对沉降变形的影响。

(2)无砟轨道路基及过渡段沉降变形应符合下列规定。

①工后沉降不宜超过15mm。

②沉降比较均匀且调整轨面高程后的竖曲线半径能够满足式(6-37)的要求时,允许的最大工后沉降量为30mm。

$$R_{sh} \geq 0.4 V_{sj}^2 \qquad (6-37)$$

式中:R_{sh}——轨面圆顺的竖曲线半径(m);

V_{sj}^2——设计最高速度(km/h)。

③过渡段不同结构物间的预测工后差异沉降不应大于5mm,不均匀沉降造成的纵向折角不应大于1/1000。

(3)桥梁墩(台)基础工后沉降符合表(表6-7)规定,特殊条件下,无砟轨道桥梁沉降限值可结合预留调整量与线路具体情况确定。

桥梁墩(台)基础工后沉降要求 表6-7

沉降类型	有砟轨道(mm)		无砟轨道(mm)
	时速200km	时速250~350km	
墩(台)均匀沉降	≤50	≤30	≤20
相邻墩(台)沉降差	≤20	≤15	≤5

(4)预测分析。

沉降预测宜采用曲线回归法。曲线回归法预测沉降应符合下列规定:

①根据实际观测数据作不少于两种类型曲线回归分析,确定沉降变形的趋势。

②根据桥涵实际荷载情况及观测数据,应作多个阶段的回归分析及预测,综合确定沉降变形的趋势。

③路基填筑(堆载预压)、桥梁主体结构、隧道仰拱(底板)完成后为预测起始点。

④曲线回归的相关系数不应低于0.92。

⑤沉降预测的可靠性应经过验证,间隔不少于3个月(岩石地基等良好地质的桥隧不应少于1个月),两次预测最终沉降值的差不应大于5mm,新建时速200km有砟轨道不应大于15mm。

⑥轨道(道床)铺设前最终预测应符合其预测准确性的基本要求,即从路基填筑完成或堆载预压以后沉降和沉降预测的时间 t 应符合式(6-38)规定:

$$\frac{S(t)}{S(t=\infty)} \geq 75\% \qquad (6-38)$$

式中：$S(t)$——预测时实际发生的沉降量(mm)；
$S(t=\infty)$——预测总沉降值(mm)。

预测工后沉降应考虑运营期荷载，可按荷载比例进行估算。各观测点沉降变形预测结果应符合判定标准。预测曲线回归相关系数小于0.92，且近3个月沉降变形观测值在2mm以内、波动幅度小于3mm时，可根据勘察、设计、施工、量测资料及现场调查进行综合判断(判断是否满足轨道铺设条件)。

九、沉降观测成果提交

(1)工程平面位置图及基准点分布图；
(2)沉降观测点位分布图；
(3)沉降观测成果表；
(4)时间-荷载-沉降量曲线图；
(5)等沉降曲线图。

十、沉降观测注意事项

(1)基准点、工作基点和沉降观测点的保护。对于布设点位要设置明显的警示标志，防止点位被破坏。
(2)观测时要保持测量仪器，每次观测时对测量仪器进行校核。
(3)沉降观测应按规定时间和频次进行观测，并定期复测避免沉降异常。
(4)在道路、野外和正在施工的墩柱下进行观测任务时要注意测量人员人身安全，必须穿警示服、佩戴安全帽，并掌握自救互救方法，必要时带医疗用品。
(5)注意仪器安全，严禁非测量人员使用测量仪器。

本章课后习题

1. 桥梁有哪些基本结构？
2. 桥址选线测量方法有哪些？
3. 桥梁施工控制测量网形有哪些？
4. 桥梁下部结构施工测量包括哪些内容？
5. 桥梁上部结构施工测量有哪些内容？
6. 桥梁细部高程放样的方法有哪些？
7. 简述桥梁变形的原因及分类。
8. 桥梁沉降监测的内容有哪些？
9. 简述桥梁沉降观测点布设应遵循的基本原则。

任务七　轨道施工测量

知识目标：

1. 了解高速铁铁路线上工程施工测量流程。
2. 了解CPⅢ点位布设要求。
3. 掌握CPⅢ平面和高程测量数据采集方法。
4. 理解CPⅢ测量数据处理方法。
5. 掌握CPⅢ测量成果报告的编制方法。
6. 了解底座板施工测量方法。
7. 了解CRTSⅡ轨道板精调方法。
8. 掌握CRTSⅢ轨道板精调方法。
9. 掌握双块式轨道精调方法。
10. 掌握钢轨精调与平顺性检测方法。

能力目标：

1. 能实施CPⅢ平面和高程测量工作。
2. 能进行CPⅢ平面和高程测量数据处理工作。
3. 会编制CPⅢ测量成果报告。
4. 会进行CRTSⅢ轨道板精调。
5. 会精调钢轨和检测轨道平顺性。

重、难点：

1. CPⅢ平面和高程外业测量与数据处理。
2. CPⅢ测量成果报告的编制。
3. CRTSⅢ轨道板精调。
4. 钢轨精调与轨道平顺性检测。

规范依据：

1.《高速铁路工程测量规范》(TB 10601—2009)。
2.《国家一、二等水准测量规范》(GB/T 12897—2006)。

教学建议：

1. 总学时18课时，其中理论学时8课时，实训学时10课时。
2. 实训项目设置：
(1) CPⅢ平面数据采集；
(2) CPⅢ数据处理；
(3) CRTSⅢ轨道板精调；

(4)钢轨精调;

(5)轨道平顺性检测。

介绍高速铁路轨道施工过程中开展的轨道控制网测量、轨道板精调及轨道精调内容,旨在通过系统化的讲解,掌握轨道控制网测量方法,了解轨道板施工过程中的施工测量内容,掌握轨道板及轨道精调的方法及要求。

子任务一 CPⅢ轨道控制网测量

在高速铁路施工中,当线下工程竣工,且通过沉降变形评估后,需建立CPⅢ轨道控制网为无砟轨道铺设和运营维护提供精密控制基准,确保高速铁路高、平、顺的轨道要求。CPⅢ轨道控制网为三维控制网,分平面控制及高程控制两部分,其中平面控制应起闭于基础平面控制网(CPⅠ)或线路平面控制网(CPⅡ),高程控制应起闭于沿线路布设的二等水准网。

一、CPⅢ轨道控制网的布设

(一)轨道控制网的布设形式

CPⅢ控制点应沿线路走向两侧成对布设,如图7-1所示,前后相邻两对点之间距离应在50～70m范围内(一般约为60m),每对轨道控制点间横向间距不超过结构宽度(约为15m)且里程差小于1m。相邻CPⅢ控制点应大致等高,其位置应高于设计轨道高程面0.3m。

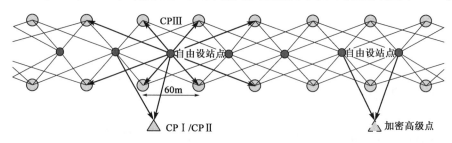

图7-1 CPⅢ网形

当采用导线法测量时,直线部分宜布设于线路一侧,曲线部分宜布设于线路外侧;采用后方交会时,应布设于线路两侧。在一条线路上控制点的外移距离宜相等,如遇障碍物,外移距离可适当减小,但增减值应相等。

(二)轨道控制点的埋设

1.控制点的标志类型

CPⅢ点应设置强制对中装置,标志采用精加工元器件,用不易生锈及腐蚀的不锈钢材料制作,且全线应统一控制点标志。CPⅢ点标志连接件的加工误差不应大于0.05mm,棱镜组件的重复安装精度和互换安装精度应满足表7-1要求。

CP Ⅲ标志棱镜组件安装精度要求 表 7-1

CPⅢ标志	重复性安装误差(mm)	互换性安装误差(mm)
X	0.4	0.4
Y	0.4	0.4
H	0.2	0.2

CPⅢ标志棱镜组件主要包括预埋件、棱镜杆、高程杆和棱镜等四部分。

(1)预埋件。用于连接棱镜杆或高程杆,进行后续平面或高程测量工作,如图 7-2 所示。预埋件尺寸:

外径为 20mm,长度为 100mm,内径为 14.010~14.025mm。

(2)棱镜杆。CPⅢ平面控制测量时与徕卡棱镜配套使用,如图 7-3 所示。

棱镜杆尺寸:内插杆外径为 13.960~13.975mm;外接杆长度为 110.000~110.050mm;棱镜套管内径 10.000~10.025mm。

(3)高程杆。应用于 CPⅢ高程控制测量时测量观测点高程。

高程杆尺寸:内插杆外径为 13.960~13.975mm;外接杆长度(至球心)为 149.950~150.050mm;外接杆长度(至球顶)为 159.950~160.050mm。

(4)棱镜。由于 CPⅢ控制网测量精度要求较高,全线尽量统一采用徕卡 GPR121 型精密测量棱镜,如图 7-4 所示。

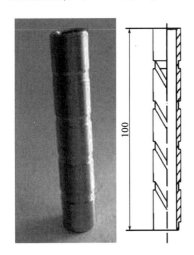 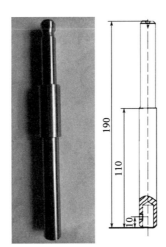 

图 7-2　预埋件(尺寸单位:mm)　　图 7-3　棱镜杆(尺寸单位:mm)　　图 7-4　徕卡棱镜组

2.标志的埋设

CPⅢ点设置在稳固、可靠、不易破坏和便于测量的地方,并应防止沉降和抗移动。控制点标识要清晰、齐全,便于准确识别。

CPⅢ点标志采用钻孔埋标法,埋设之前逐个检查平面(水准)测量杆和预埋件间隙,平面(水准)测量杆全部插入预埋件后预埋件沿口应和平面(水准)测量杆突出横截面密接,有异常情况的预埋件不能使用。

(1) 路基段 CPⅢ 点布设

路基地段 CPⅢ 点布置在辅助立柱上,辅助立柱设置在接触网扩大基础上,示意图见图 7-5。CPⅢ 辅助立柱直径为 25cm,顶面高于设计轨道面至少 30cm。

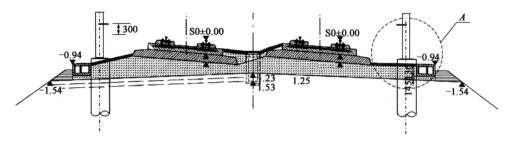

图 7-5　CPⅢ 路基地段埋设示意图(尺寸单位:mm;高程单位:m)

布设要求:

①接触网承台扩大基础顺线路延伸部分需配筋。

②辅助立柱采用 250mm 的 PVC 管或其他方式伸入基础承台,并加 4 根 12mm 的钢筋,钢筋与基础承台的配筋连接,与基础承台一起浇筑。

③扩大基础与辅助立柱的浇筑应整体划一,内实外美。

注意事项:

①辅助立柱施工时应做好防护工作,防止立柱混凝土还没有凝固时遭到外力破坏。

②安装接触网杆时,应做好对辅助立柱的防护工作,严禁吊装作业时碰动立柱。

③埋设预埋件时应在立柱上标明点号及"严禁碰动"等警示语。

待基础稳定后,在 CPⅢ 辅助立柱上使用快干砂浆或锚固剂埋设 CPⅢ 标志预埋件,具体埋设方法如下:

a. 在辅助立柱上距扩大基础顶面 90cm(此处需高于轨顶 30cm)处钻直径 1.5cm 的孔,孔深 6cm,然后扩大孔径口,扩大部分直径 2.5cm、深度 0.8cm,孔径由内向外略向上倾斜。

b. 用塑料盖封闭预埋件插口端管口,防止异物进入预埋件。

c. 将钻孔内碎石渣清理干净,浇水润湿洞孔,将锚固剂等塞入洞孔。

d. 植入预埋件,预埋件由内向外略向上倾斜。

(2) 桥梁段 CPⅢ 点布设

桥梁段布设在防撞墙顶面上,示意图见图 7-6。

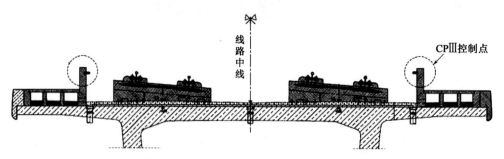

图 7-6　无砟轨道 CPⅢ 控制点桥梁上埋设示意图

简支梁段,应根据桥梁结构布设于固定支座端;连续梁段,应布设于固定支座端,若跨度大于80m,应在跨中部增设CPⅢ点。

预埋件埋设方法:

①打孔:先在桥梁防撞墙顶面上钻直径1.5 cm的孔,孔深6 cm,然后扩大孔径口,扩大部分直径2.5cm、深度0.8cm,孔径基本竖直。

②用塑料盖封闭预埋件插口端管口,防止异物进入预埋件。

③将钻孔内碎石渣清理干净,浇水润湿洞孔,将锚固剂等塞入洞孔。

④植入预埋件,预埋件插口顶面与防撞墙顶面齐平。

(3)隧道段CPⅢ点布设

隧道段布置在电缆槽顶面以上30~50cm的边墙内衬上,示意图见图7-7。

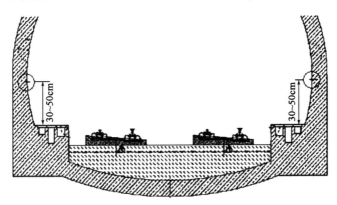

图7-7 无砟轨道CPⅢ控制点隧道内埋设示意图

预埋件埋设方法:

①打孔:在隧道边墙上,高出电缆槽顶面30cm的地方钻直径1.5 cm的孔,孔深6 cm,然后扩大孔径口,扩大部分直径2.5cm、深度0.8cm,孔径由内向外略向上倾斜。

②用塑料盖封闭预埋件插口端管口,防止异物进入预埋件。

③将钻孔内碎石渣清理干净,浇水润湿洞孔,将锚固剂等塞入洞孔。

④植入预埋件,预埋件插口顶面与墙壁齐平。

3.控制点的编号规则

CPⅢ点编号共7位数,前4位采用四位连续里程的公里数,第5位正线部分为"3"(表示CPⅢ),第6、7位为流水号,01~99号数循环。由小里程向大里程方向顺次编号,所有处于线路里程增大方向轨道左侧的标记点,编号为奇数,处于线路里程增大方向轨道右侧的标记点编号为偶数,在有长短链地段应注意编号不能重复。

CPⅢ点编号路基地段标绘于辅助立柱内侧,标志正下方0.02m;桥梁地段统一标绘于防撞墙内,顶面下方0.02m;隧道地段标绘于标志正上方0.02m。

点号标志采用白色油漆抹底,红色油漆喷写点号。点号标牌规格为40cm×20cm,注明CPⅢ编号及"测量标志,严禁破坏"字样,喷写时使用统一规格的字模,字高6cm,如图7-8所示。

| CPⅢ编号: 0356301 |
| 测量标志,严禁破坏 |

图7-8 CPⅢ控制点点号标识

二、CPⅢ平面控制测量

(一) CPⅢ平面控制网观测

1. 仪器要求

使用的全站仪应具有自动目标搜索、自动照准、自动观测、自动记录功能,其标称精度应满足:方向测量中误差不大于1″,测距中误差不大于±$(1mm + 2×10^{-6}mm)$,如徕卡 TS30、TS50、TS60 等。

观测前须按照要求对全站仪进行检校,作业期间仪器须在有效检定期内。每测站边长观测必须进行温度、气压等气象元素改正,温度读数精确至0.2℃,气压读数精确至0.5hPa。

2. 观测方法

CPⅢ平面网采用自由测站边角交会法施测,附合到 CPⅠ、CPⅡ控制点上,每600m左右(400~800m)联测一个 CPⅠ或 CPⅡ控制点,自由测站至 CPⅠ、CPⅡ控制点的观测边长不大于300m。

CPⅢ平面网观测的自由测站间距一般约为120m,测站内观测12个CPⅢ点,全站仪前后方各3对CPⅢ点,自由测站到CPⅢ点的最远观测距离不应大于180m;每个CPⅢ点至少应保证有三个自由测站的方向和距离观测量,如图7-9所示。并按表7-2的要求填写观测手簿,记录测站信息。

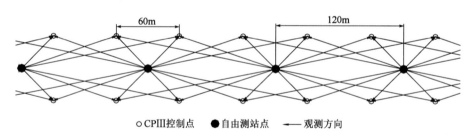

○CPⅢ控制点　●自由测站点　——观测方向

图7-9　测站间距为120m的CPⅢ平面网构网形式

CPⅢ平面控制测量观测手簿　　　　表7-2

_____线_____段　　　　　　　　　　　　　第__页 共__页

测量单位:_____　　天气:_____　　测量日期:_____　　____年____月____日

自由测站点编号		温度		气压	
CPⅢ点编号	备注	CPⅢ点编号		备注	

续上表

自由测站点编号		温度		气压	
CPⅢ点编号	备注	CPⅢ点编号	备注	CPⅢ点编号	备注

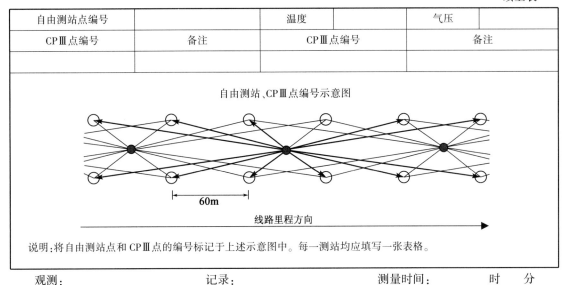

说明：将自由测站点和 CPⅢ点的编号标记于上述示意图中。每一测站均应填写一张表格。

观测：　　　　　　　　记录：　　　　　　　　测量时间：　　　时　　分

因遇到施工干扰或观测条件稍差时，CPⅢ平面控制网可采用图 7-10 所示的构网形式，平面观测测站间距应为 60m 左右，每个 CPⅢ控制点应有四个方向交会。

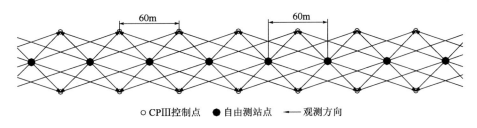

图 7-10　测站间距为 60m 的 CPⅢ平面网构网形式

3. 与 CPⅠ、CPⅡ控制点的联测

CPⅢ控制网观测时，应每隔 500m 联测一个 CPⅠ、CPⅡ控制点。与 CPⅠ、CPⅡ控制点联测时，统一采用自由测站法。联测时，必须独立观测两遍，其他测站可按一遍进行观测。且第一遍完成后，必须重新架设高级控制点上的棱镜，然后再进行第二遍测量。

在 CPⅠ、CPⅡ点上架设棱镜时，必须检查光学对中器精度、并采用精密支架。CPⅠ和 CPⅡ点必须采用与 CPⅢ点一致的棱镜，其观测图形如图 7-11 所示。

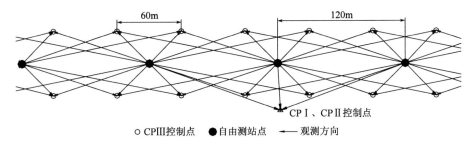

图 7-11　联测 CPⅠ、CPⅡ控制点的观测网图

127

CPⅢ点与CPⅡ点联测置镜于CPⅡ点后视与其通视的CPⅡ点，CPⅡ点联测时至少与3个。CPⅢ点进行联测，有可能时应尽可能多的联测CPⅢ点，联测长度控制在150~200m之内。也可在自由设站观测站上直接联测CPⅡ点，联测不少于3个自由站。各CPⅢ测量组中需使用同一种棱镜（含联测CPⅠ点、CPⅡ点和加密CPⅡ点），并做好棱镜常数等参数的设置工作。

联测CPⅠ、CPⅡ点采用的联测网形有以下四种形式，一般采用第一种。除特别情况外，不采用最后两种。

（1）当采用在自由设站置镜观测CPⅠ、CPⅡ点时，应在3个或以上连续的自由测站上观测CPⅠ、CPⅡ点，如图7-12所示。

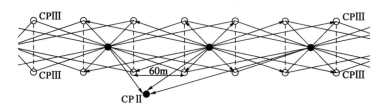

图7-12 自由设站联测CPⅠ、CPⅡ示意图

（2）当采用在CPⅠ、CPⅡ点置镜观测CPⅢ点，应在CPⅠ、CPⅡ点置镜观测3个及以上CPⅢ点，如图7-13所示。

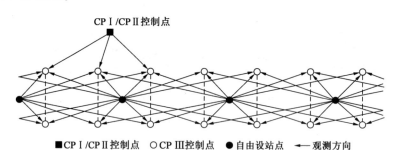

图7-13 已知点设站联测CPⅠ、CPⅡ示意图

（3）在控制点上采用图7-14形式联测CPⅢ点。

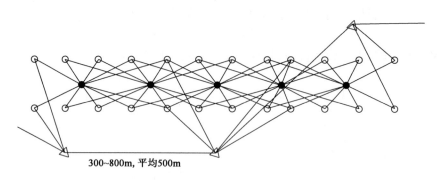

图7-14 在控制点联测CPⅢ点

(4)当梁上梁下不能直接通视时可以采用加临时站的方法,如图 7-15 所示。

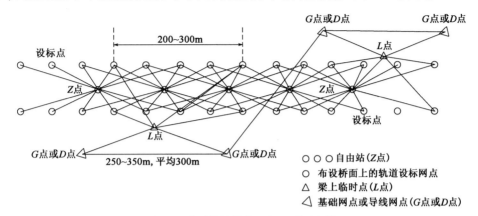

图 7-15 临时设站联测 CPⅠ、CPⅡ示意图

4.外业观测技术要求

(1)水平方向采用全圆方向观测法进行观测,如采用分组观测,应以同一归零方向,并重复观测一个方向。观测时必须满足表 7-3 的规定。

CPⅢ平面水平方向观测技术要求　　　表 7-3

控制网名称	仪器等级(″)	测回数	半测回归零差(″)	不同测回同一方向2c互差(″)	同一方向归零后方向值较差(″)
CPⅢ平面网	0.5	2	6	9	6
	1	3	6	9	6

注:当观测方向的垂直角超过 ±3°的范围时,该方向2c互差按相邻测回同方向进行比较,其值应满足表中一测回内2c互差的限值。

(2)CPⅢ平面网距离测量应满足表 7-4 的规定。

CPⅢ平面网距离观测技术要求　　　表 7-4

控制网名称	测回数	半测回间距离较差(mm)	测回间距离较差(mm)
CPⅢ平面网	≥2	±1	±1

注:距离测量一测回是全站仪盘左盘右个测量一次的过程。

当 CPⅢ平面网外业观测的各项指标不满足以上技术要求时,须重测。

(二)CPⅢ网分段与测段衔接

1.区段之间的划分与衔接

CPⅢ平面网可根据施工需要分段测量,分段测量的区段长度不宜小于 4km。区段接头不应位于车站、连续梁范围内。分段示意图如图 7-16 所示。

CPⅢ平面网区段的两端必须起止在上级控制点(CPⅠ或 CPⅡ)上,而且应保证有至少3个自由测站与上级控制点联测,联测上级控制点的测站应对称分布于上级控制点的两侧。

区段接头处联测的 CPⅠ或 CPⅡ控制点在桥梁段应位于桥上、在路基段距离线路中线不宜大于 50m。

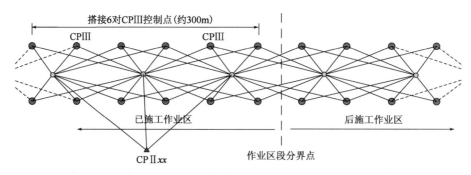

图 7-16　CPⅢ控制网区段划分示意图

CPⅢ网区段与区段之间重复观测应不少于6对CPⅢ点;这些点在各自区段中的观测和平差计算,必须满足CPⅢ网的精度要求。除此之外,还要满足各自区段平差后的公共点的平面坐标(X、Y)的较差应小于±3mm的要求;满足该条件后,后施工作业区段落CPⅢ网平差时采用联测的CPⅠ或CPⅡ控制点及重叠区域内已施工作业区段落的连续的1~3对CPⅢ点作为约束点进行平差计算。重叠的公共点的坐标,采用已施工作业区段落的CPⅢ网的平差结果。

2. 标段之间CPⅢ控制网的衔接

相邻标段之间也同样存在衔接的情况,标段之间CPⅢ控制网的衔接方法与上节相同,示意图见图7-17。

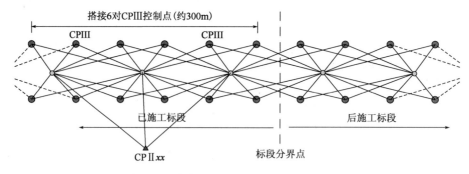

图 7-17　相邻标段之间 CPⅢ控制网的衔接示意图

3. 相邻投影带之间 CPⅢ控制网的衔接

相邻投影带衔接处CPⅢ平面网计算时,分别采用换带处的CPⅠ或CPⅡ控制点的两个投影带的坐标进行约束平差,平差完成后,分别提交相邻投影带两套CPⅢ平面网的坐标成果,两套坐标成果都应满足轨道控制网技术要求。提供两套坐标的CPⅢ区段长度不应小于800m。示意图见图7-18。

(三) 外业数据采集软件的使用

CPⅢ平面控制网观测时,具有自动跟踪、自动照准功能的全站仪需与CPⅢ数据采集软件配套使用,才能完成外业数据采集工作。现以徕卡1200系列全站仪与中铁第四勘察设计院集团有限公司(简称"铁四院")研制的CPⅢ内置数据采集软件为例,介绍外业数据采集过程。

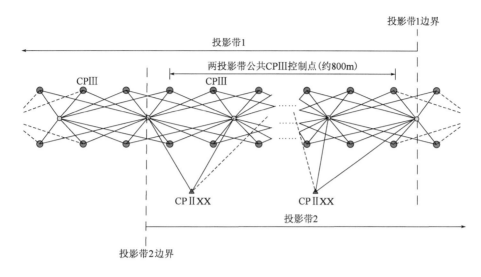

图 7-18　相邻投影带之间 CPⅢ 控制网的衔接

1. 仪器参数设置

在进行 CPⅢ 数据采集之前,需要全站仪进行相应的仪器参数设置,以满足观测要求。仪器开机后,进入主菜单界面,按"USER"键进行相应各项参数设置,如图 7-19 所示。

(1)TPS 改正。进入第 3 项:TPS 改正,如图 7-20 所示,主要进行气压、气温、棱镜常数(PPM)项目设置,可根据现场环境实时输入当时的温度、气压和湿度;几何 PPM 及大气折光项目使用者不得随意改变其设置参数。

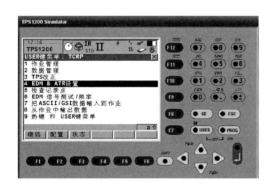
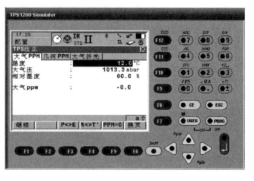

图 7-19　参数设置界面　　　　　　　　图 7-20　TPS 改正界面

(2)EDM 和 ATR 设置。选择第 4 项,对 EDM 和 ATR 进行设置,如图 7-21 所示。此处除了"反射棱镜"和"能见度"可以修改外,其他参数均应与图上设置已知,"自动化"必须设置为 ATR;"反射棱镜"可以设置自定义棱镜,自定义时设置棱镜常数。

(3)搜索设置。退出 USER 界面,进入仪器主界面,如图 7-22 所示,选择第五项配置。分别设置搜索窗口和自动棱镜搜索,如图 7-23 所示。

(4)作业设置。在主菜单中,选择第三项:管理,进入作业管理设置,如图 7-24 所示。

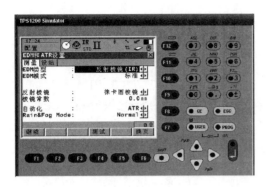

图 7-21　EDM 和 ATR 设置

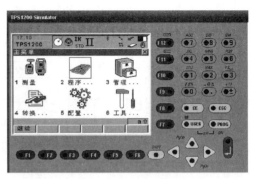

图 7-22　仪器主界面

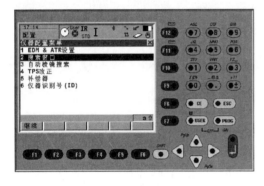

图 7-23　仪器配置菜单

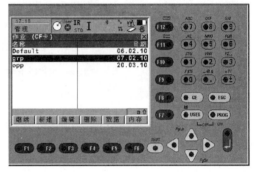

图 7-24　作业设置

2. CPⅢ软件使用

在仪器主菜单,选择第二项:程序,并进入 CPⅢ测量程序界面,如图 7-25 所示。

(1)限差设置。如首次启用程序,先必须进行第 3 项,根据 CPⅢ测量外业观测技术要求,完成限差设置,如图 7-26 所示。

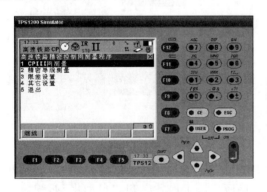

图 7-25　CPⅢ测量程序界面

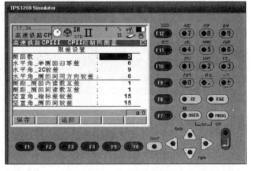

图 7-26　限差设置

(2)其他设置。首次启用程序,还需进行第 4 项,完成其他设置,设置内容如图 7-27 所示,如带三角高程测量,须将"平面与高程同时测量"项设置为"是"。

(3)CPⅢ测量。在设置完成后,在 CPⅢ应用程序主菜单中,选择"CPⅢ网测量",按照以下四步,即可开展 CPⅢ 测量。

步骤一:输入自由测站编号。如图 7-28 所示,当需要和 CPⅡ 点进行联测时,还需输入 CPⅡ 点编号。同时选择测量前进方向:大里程方向或下里程方向,F5 切换。在完成一站测量搬站后,程序自动将测站后加 1,可减少人工输入,如:第一站站号为 S001,则搬站后,进入程序时,程序自动设置站号为 S002,依此类推。

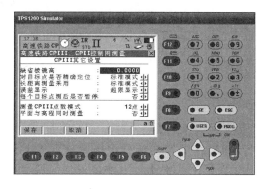 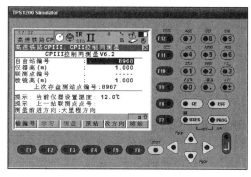

图 7-27 其他设置　　　　　　　　　　图 7-28 输入测站编号

步骤二:编辑 CPⅢ 点编号。按 F1 键,编辑本站所观测的 CPⅢ 点编号,如图 7-29 所示。该程序 CPⅢ 点观测数量分为 12 点模式和 8 点模式两种模式。以 12 点模式为例,可以输入 12 个 CPⅢ 点点号;输入 CPⅢ 点点号规则如下:

①12 个编号中 01、03、05、…、11 单号输入 CPⅢ 点单号,从小到大录入;

②12 个编号中的 02、04、06、…、12 双号输入 CPⅢ 点双号,从小到大录入;

③实现录入的 12 个 CPⅢ 点与线路编号一致原则,便与用户理解和对应输入,减少点号录入错误。

在输入一序号的 CPⅢ 点点号后,可自动编号,但编号存在方向:如输入 5 号点 CPⅢ 点号 (11309)后,如测量前进方向为大里程方向,则自动编号完成 5 号点后的 6~12 号点自动编号;如测量前进方向为小里程方向,则自动编号完成 5 号点前面的 1~4 号点自动编号;如需要修改点号,可以输入某 CPⅢ 点对应的序号(1~12),按 F3 进行修改,如图 7-30 所示。

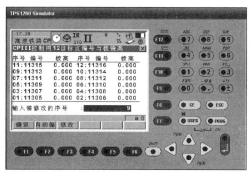 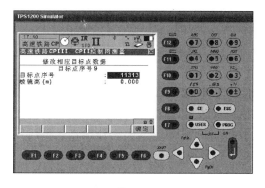

图 7-29 编辑 CPⅢ 点编号　　　　　　图 7-30 修改 CPⅢ 点编号

步骤三:学习测量。按 F2 键,分别对联测 CPⅡ 点和 CPⅢ 点进行学习,如图 7-31 所示。图中"完成情况:CPⅢ 点:0/12"表示输入了 12 个 CPⅢ 点点号,已经完成学习的 CPⅢ 点为 0 个;

上述画面的"联测点:0/0"表示联测点数输入为0,学习为0个。

步骤四:自动测量。按 F3 键,进入自动测量。按 F3(测量)则程序进行全自动测量,如图 7-32 所示,操作人员可以休息片刻;程序会逐次显示个点测量信息,并自动检算测量质量,如超限,则响铃 6 声进行提示,让用户选择操作,直至完成本站测量工作。

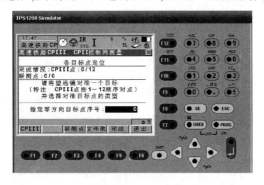
图 7-31　学习测量

图 7-32　自动测量

观测者可以根据测量数据情况选择重测或保存退出到 CPⅢ 测量主画面,关机搬站。

(四)内业数据处理

CPⅢ 平面控制网数据处理软件应通过铁路相关主管部门评审,目前主要采用铁四院研制的"铁路精密工程测量数据处理系统"软件进行数据处理。

CPⅢ 平面控制网数据处理分别采用与 CPⅠ、CPⅡ 点相连的两遍观测数据独立进行平差计算,两次平差后 CPⅢ 点坐标较差不大于3mm,且两次数据处理精度指标均需满足表 7-5、表 7-6 和表 7-7 中的要求。在满足上述要求后,取相对精度更高的观测数据的平差成果作为最终成果。CPⅢ 平面网平差计算取位如表 7-5 所示。

CPⅢ平面控制网平差计算取位　　表 7-5

等　　级	水平方向观测值(")	水平距离观测值(mm)	方向改正数(")	距离改正数(mm)	点位中误差(mm)	点位坐标(mm)
CPⅢ平面网	0.1	0.1	0.01	0.01	0.01	0.1

CPⅢ 平面控制网数据处理结果应满足下列技术要求,如不能满足相应的精度指标时,应进行返工测量。

(1)自由网平差后主要技术要求(表 7-6)。

CPⅢ平面自由网平差后方向和距离改正数限差　　表 7-6

控制网名称	方向改正数(")	距离改正数(mm)
CPⅢ平面网	±3	±2

(2)约束网平差后主要技术要求(表 7-7)。

CPⅢ平面网约束平差后的主要精度指标　　表 7-7

控制网名称	与 CPⅠ、CPⅡ 联测		与 CPⅢ 联测		点位中误差(mm)
	方向改正数(")	距离改正数(mm)	方向改正数(")	距离改正数(mm)	
CPⅢ平面网	4.0	4	3.0	2	2

(3)CPⅢ平面网的主要技术要求(表 7-8)。

CPⅢ平面网的主要技术要求　　　　　　　　　　　表 7-8

控制网名称	方向观测中误差(″)	距离观测中误差(mm)	相邻点的相对中误差(mm)
CPⅢ平面网(mm)	1.8	1.0	1.0

三、CPⅢ高程控制测量

(一)CPⅢ高程网观测方法

CPⅢ控制点水准测量应附合于线路水准基点(桥梁段为按三角高程传递到桥上的CPⅢ点或桥上水准辅助点),按精密水准测量技术要求施测,水准路线附合长度不得大于 3km。

CPⅢ高程网水准测量一律采用数字水准仪。观测数据采用仪器内置储存器记录。作业前需进行仪器检验,包括:作业前及作业过程中检查 i 角均应不超过 15″;当水准尺垂直时,水准尺的圆水准气泡应居中;水准尺无弯曲、破损等。

CPⅢ控制点水准测量统一按矩形环单程水准网观测。CPⅢ水准网与线路水准基点联测时,应按二等水准测量要求进行往返观测。

CPⅢ控制点高程的水准测量统一采用如图 7-33 所示的水准路线形式。测量时,左边第一个闭合环的四个高差应该由两个测站完成,其他闭合环的三个高差可由一个测站按照后—前—前—后或前—后—后—前的顺序进行单程观测。单程观测所形成的闭合环如图 7-34 所示。

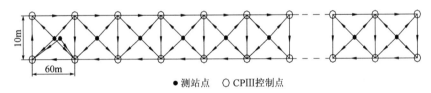

图 7-33　矩形法 CPⅢ水准测量原理示意图

图 7-34　CPⅢ水准网单程观测形成的闭合环示意图

CPⅢ水准测量应对相邻 4 个 CPⅢ控制点所构成的水准闭合环进行环闭合差检核,相邻 CPⅢ控制点的水准环闭合差不得大于 1mm;相邻 CPⅢ控制点高差中误差不应大于 ±0.5mm。

当桥面与地面间高差大于 3m,线路水准基点高程直接传递到桥面 CPⅢ控制点上困难时,可采用不量仪器高和棱镜高的中间设站光电测距三角高程测量法传递。中间设站光电三角高程测量外业应满足表 7-9 的规定。仪器与棱镜的距离一般不大于 100m,最大不得超过 150m,前后视距差不应超过 5m。前后视必须是同一个棱镜且观测时棱镜高度不变。在进行高程传递时应进行两组独立观测,两组高差较差不应大于2mm,满足限差要求后,取两组高差平均值作为传递高差。

中间设站三角高程测量外业观测技术要求 表 7-9

垂直角测量				距离测量			
测回数	两次读数差（″）	测回间指标差互差（″）	测回差（″）	测回数	每测回读数次数	四次读数差（mm）	测回差（mm）
4	5.0	5.0	5.0	4	4	2.0	2.0

(二) CPⅢ高程网观测技术要求

(1) 精密水准测量精度应满足表 7-10 的要求。

精密水准测量的精度(mm)要求 表 7-10

每千米水准测量偶然中误差 M_Δ	每千米水准测量全中误差 M_W	限 差			
		检测已测段高差之差	往返测不符值	附合路线或环线闭合差	左右路线高差不符值
≤2.0	≤4.0	$8\sqrt{R_i}$	$8\sqrt{L}$	$8\sqrt{L}$	$6\sqrt{K}$

注:L 为往返测段、附合或环线的水准路线长度,单位 km;R_i 为检测测段长度,单位为 km;K 为测段水准路线长度,单位为 km。

其中,每千米偶然中误差 M_Δ 按下式计算:

$$M_\Delta = \sqrt{\frac{1}{4n}\left[\frac{\Delta\Delta}{L}\right]}$$

当水准网的环数超过 20 个时,还应按下式计算每千米全中误差 M_W:

$$M_W = \sqrt{\frac{1}{N}\left[\frac{WW}{L}\right]}$$

式中:Δ——测段往返测高差不符值;

L——测段长(km);

n——测段数;

W——经过各项修正后的水准环闭合差;

N——水准环的个数。

(2) 精密水准测量的观测方法(表 7-11)。

精密水准测量的观测方法 表 7-11

水准等级	观测次数		观测顺序
	与已知点联测	附合或环线	
精密水准	往返	往返单程闭合环	奇数站：后—前—前—后 偶数站：前—后—后—前

(3) 精密水准观测应符合表 7-12 的要求。

精密水准观测主要技术要求 表 7-12

水准尺类型	水准仪最低型号	视距（m）	前后视距差（m）	测段前后视距累积差（m）	视线高度（m）
钢瓦尺	DS1	≥3,≤60	≤2.0	≤6.0	≥0.45,且≤2.8

在观测数据存储之前,必须对观测数据作各项限差检验。检验不合格时,对不合格测段整体重测,至合格为止。

(4)仪器设备要求。

CPⅢ控制网高程测量应采用满足规范要求的电子水准仪及配套的铟瓦尺进行测量,其中仪器标称精度不低于DS1级。目前通常采用天宝DINI03或者徕卡DNA03系列电子水准仪(图7-35)完成高程测量工作。

(三)CPⅢ高程网数据处理

在数据平差前,必须对相邻4个CPⅢ点所构成的水准闭合环进行闭合差检核,相邻CPⅢ点的水准环闭合差不得大于1mm。除此之外,须按技术要求对观测数据进行各项限差检验,检验合格后方可参与平差计算。

图7-35 徕卡DNA03系列电子水准仪

当采用CPⅢ自由测站三角高程测量时,其三角高程网应采用线路水准基点进行固定数据严密平差,平差后各项精度指标应满足表7-13的规定。

CPⅢ控制网自由测站三角高程网平差后的精度指标(mm)　　表7-13

高差改正数	高差观测值的中误差	高程中误差	平差后相邻点高差中误差
≤1	≤0.5	≤2	±0.5

CPⅢ控制点高程测量应采用严密平差,常采用铁四院研制的"铁路精密工程测量数据处理系统"软件平差。平差计算取位按表7-14中精密水准测量的规定执行。

精密水准测量计算取位　　表7-14

等　级	往(返)测距离总和(km)	往(返)测距离中数(km)	各测站高差(mm)	往(返)测高差总和(mm)	往(返)测高差中数(mm)	高程(mm)
精密水准	0.01	0.1	0.01	0.01	0.1	0.1

平差完成后,相邻CPⅢ点高差中误差不应大于±0.5mm。

四、CPⅢ网的复测与维护

(一)CPⅢ网的复测

为保证无砟轨道施工精度,施工单位应根据工程进度及时组织进行必要的复测工作,竣工验收时必须进行一次复测。

CPⅢ平面网复测采用的网形和精度指标应与原测相同,当CPⅠ、CPⅡ控制点破坏或不满足联测精度要求时,需采用稳定的CPⅢ点原测成果进行约束平差。

CPⅢ点复测与原测成果的X、Y坐标较差应不大于±3mm,且相邻点的复测与原测坐标增量ΔX、ΔY较差应≤±2mm。较差超限时应分析判断超限原因,确认复测成果无误后,应对超限的CPⅢ点采用同精度内插方式更新成果。坐标增量较差按下式计算：

$$\Delta X_{ij} = (X_j - X_i)_复 - (X_j - X_i)_原$$

$$\Delta Y_{ij} = (Y_j - Y_i)_复 - (Y_j - Y_i)_原$$

CPⅢ高程复测采用的网形和精度指标应与原测相同。CPⅢ点复测与原测成果的高程较差≤±3mm，且相邻点的复测成果高差与原测成果高差较差≤±2mm时，采用原测成果。较差超限时应分析判断超限原因，应对超限的CPⅢ点采用同级扩展方式更新成果。高差较差按下式计算：

$$\Delta H_{ij} = (H_j - H_i)_复 - (H_j - H_i)_原$$

（二）CPⅢ网的维护

由于CPⅢ网布设于桥梁防撞墙、隧道边墙和辅助立柱上，会受线下工程的稳定性等因素的影响。为确保CPⅢ点的准确、可靠，在使用CPⅢ点进行后续轨道安装测量时，每次都要与周围其他点进行校核，特别是要与地面上稳定的CPⅠ、CPⅡ点进行校核，以便及时发现和处理问题；同时应加强对永久CPⅢ点的维护。

(1) 补设CPⅢ标志：在施工或运营过程中应检查标石的完好性，对丢失和破损较严重的标志应按原测标准，并在原标志附近重新埋设，并按初次测量要求做点位记录。

(2) 外业测量及数据处理：当有CPⅢ点丢失时，应补测此CPⅢ点前后各2对CPⅢ点以及该点的对点，并保证每个CPⅢ点被不同的测站观测3次。当观测限差满足要求后，约束此点周围的9个CPⅢ点进行平差计算；当各项技术指标满足规范要求后，以本次平差结果为该点的最后成果。如果不能满足上述要求，应结合具体情况分析。

五、CPⅢ测量应提交的资料

施工单位CPⅢ测量提交资料文件详细内容见表7-15。

提交资料文件内容清单　　　　　　　　表7-15

序　号	资料内容	备　注
1	测量方案	
2	加密CPⅡ及二等水准控制点点之记、观测数据、观测手簿、网形示意图、平差计算报告、成果	
3	CPⅢ平面、高程网观测手簿及计算表	
4	CPⅢ平面、高程观测网图	
5	CPⅢ控制点平面、高程成果表	
6	CPⅢ平面、高程控制网平差报告	
7	人员证书、仪器检定证书	
8	CPⅢ控制网技术总结报告	

子任务二　CRTSⅢ型无砟轨道精调

CRTSⅢ型无砟轨道板,是我国自主研制的具备自主知识产权的带挡肩的新型单元板式无砟轨道结构。主要由钢轨、扣件、预制轨道板、配筋的自密实混凝土(自流平混凝土调整层)、限位挡台、中间隔离层(土工布)和钢筋混凝土底座等部分组成。该新型无砟轨道在受力状态、经济性、施工性、可维修性及耐久性等方面,兼备板式轨道和双块式轨道的优点,又克服了它们的缺点。CRTSⅢ型轨道板是一种预制轨道板采用门型钢筋同自密实混凝土结合,形成复合板轨道板结构,铺设于现场浇筑的钢筋混凝土底座上,并适应 ZPW-2000 轨道电路的连续轨道板结构,且对每块轨道板限位的无砟轨道结构形式。CRTSⅢ型轨道板是我国以高速铁路轨道工程施工"机械化、工厂化、专业化和信息化"为目标,积极采用新技术、新工艺、新设备和新材料研发出来的一种具有自主知识产权的轨道结构形式。

一、CRTSⅢ型无砟结构及施工流程

(一)CRTSⅢ型无砟结构

轨道结构采用单元分块式结构,在路基、桥梁和隧道地段轨道板间均采用不连接的分块式单元结构。底座板在每块轨道板范围内设置两个限位挡台(凹槽结构),底座板与自流平混凝土层间设置中间隔离层。扣件采用 WJ-8C 型扣件。

1. 桥梁地段无砟轨道结构

桥梁地段 CRTSⅢ型板式无砟轨道由钢轨、弹性扣件、轨道板、自密实混凝土层、隔离层、底座等部分组成,如图 7-36 所示。轨道结构高度为 762mm。轨道板宽 2500mm,厚 210mm;自密实混凝土层宽度 2500mm,厚 100mm,采用 C40 混凝土;底座 C40 钢筋混凝土结构,宽度 2900mm,直线地段厚度 200m。轨道板与自密实层间设门型钢筋。自密实层设凸台,与底座凹槽对应设置,凹槽尺寸为 1000mm×700mm,凹槽周围设橡胶垫板。

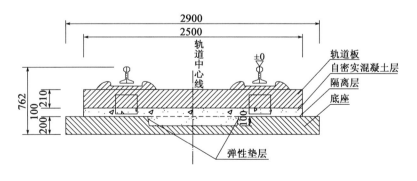

图 7-36　桥梁直线地段无砟轨道断面(尺寸单位:mm)

2.路基地段无砟轨道结构

路基地段 CRTS Ⅲ 型板式无砟轨道由钢轨、弹性扣件、轨道板、自密实混凝土层、隔离层、底座等部分组成,如图 7-37 所示。轨道结构高度为 862mm。轨道板宽 2500mm,厚 210mm;自密实混凝土层宽度 2500mm,厚 100mm,采用 C40 混凝土;底座 C40 钢筋混凝土结构,宽度 3100mm,直线地段厚度 300m,每 3 块板下底座为一块,相连底座间设传力杆结构。轨道板与自密实层间设门型钢筋。自密实层设凸台,与底座凹槽对应设置,凹槽尺寸为 1000mm × 700mm,凹槽周围设橡胶垫板。

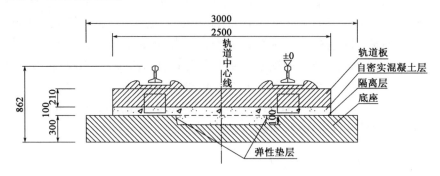

图 7-37 路基直线段无砟轨道断面图(尺寸单位:mm)

(二)无砟轨道施工流程

无砟轨道系统由钢筋混凝土底座板、中间隔离层、自密实混凝土填充层和轨道板组成。轨道板采用工厂预制。根据工期和线路铺设长度配备无砟轨道施工设备,每套设备负责 2 个作业单元交替施工。主要施工流程包括:底座板施工→隔离层施工→轨道板粗铺→轨道板精调等步骤,具体流程如图 7-38 所示。

二、底座板施工测量

(一)技术准备

(1)对施工图的审核已经完成。对所有进场人员进行交底、培训,要求各工序操作人员及现场管理人员熟练掌握路基地段底座施工相关工序的施工方法及验收标准,考核合格后方可上岗。

(2)路基面验收合格。

(3)CPⅢ测量已完成并通过评估。

(二)路基验收

根据底座板施工工艺流程(图 7-39),在底座板施工前,应对桥面(路基面)进行验收,并对桥面(路基面)高程超出规范要求的进行处理,对施工范围内的 Z 字筋撬起,将钢筋表面的油渍、油漆、水泥浆和片状老锈等应清除干净,对 Z 字筋脱落或数量不足、抗拔力不满足要求的重新进行植筋。对无砟轨道结构宽度范围内的桥面(路基面)按设计要求进行拉毛处理,拉毛时拉毛深度 2~3mm,见新面不应小于 75%。底座钢筋施工前,应将施工范围的杂物清理干净。

任务七 轨道施工测量

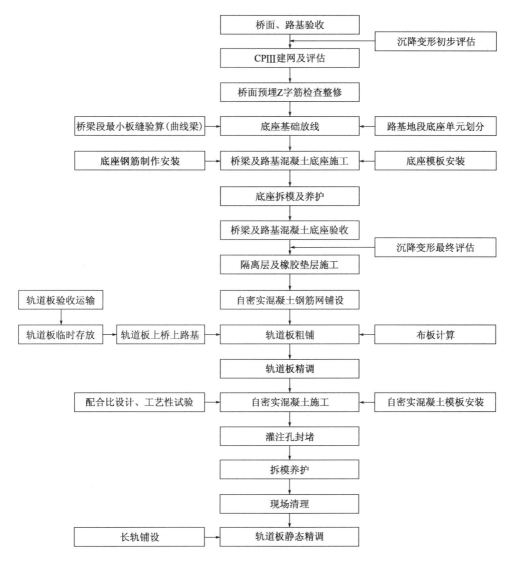

图 7-38 CRTSⅢ型板式无砟轨道施工工艺流程框图

(三)基础放样

底座基础放线应根据 CPⅢ 测量控制网,利用全站仪采用自由设站极坐标法测设线路左右中线(图 7-40),并与线路中线联测,以保证轨道板底座施工。再根据贯通的中线,利用布板软件计算出轨道板位置,按轨道板底座的设计位置,把轨道板底座的两侧线即距中线左右 1.45m(桥梁段)或 1.55m(路基段)的位置定出,并于梁面上弹线标出。

在自由设站建站时,观测的 CPⅢ 控制点不宜少于 3 对。更换测站后,相邻测站重叠观测的 CPⅢ 控制点不宜少于 1 对。自由设站点的精度应满足表 7-16 的要求。设站完成后,应进行 CPⅢ 控制点精度检核,其坐标不符值需满足表 7-17 的要求。

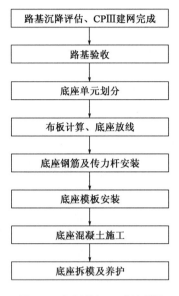

图 7-39　底座板施工工艺流程图　　　　图 7-40　中线放样

自由设站点精度要求　　　　　　　　　表 7-16

项　目	X(mm)	Y(mm)	H(mm)	方向(″)
中误差	≤2	≤2	≤2	≤3

CPⅢ控制点坐标不符值限差要求(mm)　　　　　表 7-17

项　目	X	Y	H
控制点余差	≤2	≤2	≤2

曲线地段桥梁底座施工前,应根据设计图纸计算底座悬出量,其后再根据已确定的悬出量均匀调整(除对应梁端外的)其他板缝值。在底座施工前,应进行梁端底座悬出后最小板缝的验算,如果验算结果不满足要求,应及时与建设单位及设计院沟通,解决后方可施工。

(四)钢筋网片安装

钢筋半成品加工好后运输至桥面组装连接。钢筋焊网与桥面 Z 字钢筋绑扎连接为一体。焊网下垫不小于同等级混凝土强度的保护层垫块,垫块数量不小于 4 个/m^2。在曲线超高地段根据不同的超高值调整两侧的构造架立钢筋尺寸(图 7-41)。

路基地段每 4 块轨道板对应 1 个底座单元,每两个底座单元之间设置伸缩缝,伸缩缝位置设置 8 根传力杆,传力杆采用直径 30mm 光面钢筋,长 700mm,传力杆一端 400mm 范围进行涂沥青裹覆聚乙烯薄膜防锈处理,传力杆采用固定钢筋与上下两层网片固定在一起(图 7-42)。设置时必须保证同一伸缩缝的传力杆无水平差,同时与底座下层平面保持平行,允许的安装偏差如表 7-18 所示。

任务七 轨道施工测量

图 7-41 钢筋网的安装

图 7-42 伸缩缝及传力杆的设置

传力杆安装允许偏差(mm) 表 7-18

序 号	项 目	允许误差	测 量 位 置
1	传力杆端上下左右偏差	±10	在传力杆两端测量
2	传力杆在板中心上下偏差	±10	以板面为基准测量
3	传力杆在板中心左右偏差	±20	以板中线为基准测量
4	传力杆纵向前后偏位	±20	以缝边混凝土面为基准测量
5	传力杆套帽长度	±10	以封堵帽内底面起测
6	传力杆与套帽底间距	+100	以传力杆中点及套帽底面为基准

(五) 模板安装

由于 CRTSⅢ型板式无砟轨道对底座高程和平整度要求高,通常底座模板采用定型钢模,模板安装时,按照已测量放好的底座板边线进行挂线支立底座侧模板和限位凹槽模板。模板支立完毕后,根据底座板设计高程来调整模板的高度(图 7-43),保证底座顶面高程一致,平顺过渡,相邻模板错台不能超过 1mm,接缝严密。模板经初调完毕后,再用水准仪复核其高程,并用钢卷尺检查其位置。

曲线地段混凝土底座施工时,外侧高度应满足曲线超高的设计要求,同时应考虑底座顶面合理的排水坡,模板的安装及拆除符合相关规定。模板安装误差应满足设计规范要求(表 7-19、表 7-20)。

图 7-43 高程弹线

混凝土底座模板安装允许偏差(mm)及检验数量 表 7-19

序号	项 目	允许偏差	检验数量
1	施工控制高程	±3	每5m检查1处
2	宽度	±5	每5m检查3处
3	中线位置	2	每5m检查3处
4	伸缩缝位置	5	每条伸缩缝检查1次

限位凹槽模板安装允许偏差(mm)　　　表 7-20

序号	检查项目	允许偏差	检验方法
1	中线位置	2	尺量
2	顶面高程	±3	水准仪
3	长度和宽度	±3	尺量
4	相邻凹槽中心间距	±5	尺量

(六)浇筑底座混凝土

模板安装完成后,经检查其几何尺寸及高程符合设计要求后,方可浇注底座混凝土。混凝土采用插入式振动棒振捣,振动梁整平,钢丝刷拉毛。浇筑时注意限位凹槽处,不得出现漏振或过振等现象。底座混凝土浇筑完毕后,进入下一道施工工序之前,应对每块底座板底座板及每个凹槽的质量进行验收(图 7-44),检验项目及允许偏差见表 7-21、表 7-22。

图 7-44　底座板高程验收

混凝土底座外形尺寸允许偏差　　　表 7-21

序号	项目	允许偏差	序号	项目	允许偏差
1	顶面高程	±5mm	5	伸缩缝位置	10mm
2	宽度	±10mm	6	伸缩缝宽度	±5mm
3	中线位置	3mm	7	底座外侧排水坡	1%
4	平整度	10mm/3m			

限位凹槽外形尺寸允许偏差　　　表 7-22

序号	检查项目	允许偏差	序号	检查项目	允许偏差
1	中线位置	3mm	4	长度和宽度	±5mm
2	深度	±5mm	5	相邻凹槽中心间距	±10mm
3	平整度	2mm/0.5m			

三、隔离层及弹性层施工测量

根据 CRTSⅢ型板式无砟轨道结构及施工工序,在底座板施工完成并通过验收合格后,将在底座顶面和凹槽底部设置 4mm 厚土工布隔离层,凹槽四周设置 8mm 厚弹性橡胶垫层,进入隔离层及弹性垫层施工工序(图 7-45、图 7-46)。

任务七 轨道施工测量

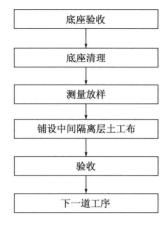

图 7-45 中间隔离层施工工艺流程图

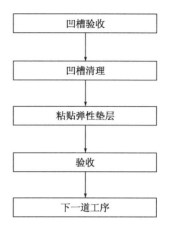

图 7-46 弹性垫层施工工艺流程图

(一) 隔离层施工

(1) 底座验收与清理

铺设前应已完成底座验收,并彻底对底座进行清洁和清理,保证铺设范围内底座洁净干燥,且无砂石类可能破坏中间隔离层的磨损性颗粒。

(2) 测量放样

根据 CPⅢ控制网对无砟轨道底座施工段进行测量放样,弹出隔离层边线。

(3) 隔离层土工布铺设

首先将整张土工布铺在底座表面,然后在限位凹槽的位置用刀割出方孔。割下的那一块刚好补在下面凹槽结构的底面。每一段内的土工布尽可能连续铺设,轨道板下隔离层土工布不允许搭接。铺上土工布后应立即压上保护层垫块,垫块材质、强度等级与自密实混凝土相同,防止滑动,禁止人员踩踏。在自密实混凝土模板安装、固定前,应将土工布拉扯平整,如图 7-47 所示。

图 7-47 隔离层土工布铺设

(二) 弹性垫层施工

(1) 限位凹槽处理

铺设前应用洁净高压水和高压风彻底对限位凹槽进行清理和清洁,保证铺设范围内限位凹槽洁净,且无砂石类可能破坏弹性垫层的磨损性颗粒等。

(2) 下料

根据限位凹槽实测深度和尺寸,计算泡沫板尺寸并下料。

(3) 弹性垫层施工

在底座混凝土至少养生 48h 后,方可进行弹性垫层铺设。在限位凹槽内涂刷胶黏剂,粘贴弹性垫板,注意粘贴应平整,顶面与底座表面平齐。限位凹槽内的中间隔离层向外伸出部分应包在弹性垫层内,上下拐角处用宽胶带封闭。

四、轨道板粗铺

(一)技术准备

(1)轨道板铺装前应认真研究相关设计文件,熟悉无砟轨道板铺装相关规范、标准和指南等。

(2)隔离层和弹性垫层验收合格。

(二)轨道板粗铺流程(图7-48)

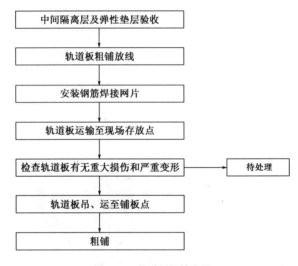

图7-48 轨道板粗铺流程

(三)中间隔离层及弹性垫层验收

轨道板粗铺前首先对中间隔离层和弹性垫层施工质量进行验收。验收标准如下:
(1)中间隔离层应铺设平整,无破损,边沿无翘起、空鼓、褶皱、封口不严等缺陷。
(2)弹性垫层与限位凹槽侧面粘贴牢固,顶面与底座表面平齐,周边无翘起、空鼓、封口不严等现象。

(四)轨道板粗铺放线

采用布板软件在底座上准确放出轨道板的四角位置,然后用墨线弹出边线,方便钢筋焊网以及轨道板定位。轨道板粗铺时的位置偏差:纵向不应大于10mm,横向不应大于精调支架横向调程的1/2。为加快后续的精调施工,粗铺精度应该尽量提高。

(五)自密实混凝土焊接钢筋网片安装

钢筋焊接网片由钢筋加工厂集中焊接制作,用运输台车运到现场。钢筋绑扎前先核对图纸,根据放样控制点,弹出底层钢筋焊网安装墨线。采用厂制标准混凝土保护层垫块保证底座保护层厚度不小于35mm,垫块按梅花形布置,数量满足规范要求不少于4个/m²,如图7-49所示。将钢筋焊接网片按要求摆放在设计位置,采用厂制标准混凝土保护层垫块,以保证底座保护层厚度,钢筋的绑扎安装允许偏差应满足表7-23的要求。

图7-49 钢筋网片安装

钢筋的绑扎安装允许偏差(mm)　　　　　表7-23

序号	项　目	允许偏差	序号	项　目	允许偏差
1	钢筋间距	±20	2	钢筋保护层厚度	+10

(六)轨道板粗铺

轨道板粗铺(图7-50)时应注意防止破坏或触动CPⅢ点,影响精调施工精度。轨道板粗铺流程如图7-48所示,采用悬臂式龙门吊和人工配合放置轨道板,并预先在底座表面放置支承垫木,支承垫木尺寸为120mm×100mm×120mm。龙门吊吊装就位,人工辅助铺设,转到要铺设的轨道上方并降下,接近底座时必须降低下降速度,防止损伤轨道板。严禁破坏或触动CPⅢ点等既有结构物。轨道板粗铺时尽量控制轨道板中心线与放出轨道中线对齐,中线误差控制在±10mm范围内,避免因调整轨道板横向位置时超出精调架调整范围而增加轨道板精调工作量。轨道板纵向位置与底座对齐,轨道板板缝误差控制在5mm范围内,轨道板铺设时注意轨道板铺设位置,轨道板接地端子靠防撞墙一侧,特别注意缓和曲线上轨道板的铺设位置,缓和曲线上预先在底座板上标注所铺设轨道板编号,如Z1-0001、Z1-0002、Z1-0003……轨道板粗铺完后立即按配板图填写放板编号,确保所铺板均可追溯到生产源头。

轨道板粗铺完毕后,在起吊螺栓位置安装轨道板、精调爪及限位装置进行精调(图7-51)。同时,要使用油布覆盖,覆盖要从表面到轨道板底座,在底座四周超出20cm以上,并用重物压住,不让油布移位,以防雨水进入自密实混凝土层。

图7-50 轨道板粗铺

图7-51 精调爪及限位装置

五、轨道板精调

(一)轨道板精调系统的组成

轨道板测量系统包括带伺服马达的全站仪(图 7-52 等型号)、工控计算机(图 7-53)、反光棱镜和 7 个带反光棱镜的测量标架,且测量标架需要安装在轨道板承轨槽中间的螺栓孔上(图 7-54),并配置专用软件计算和处理测量数据(图 7-55)。

图 7-52　徕卡 TS60 全站仪

图 7-53　松下 CF-19 工控电脑

图 7-54　带反光棱镜的测量标架

图 7-55　深圳大铁公司轨道板精调软件

(二)轨道板精调程序及施工流程

(1)精调程序:底座板施工并进行高程检测验收—对轨道板边线进行放样—粗铺轨道板—轨道板精调—自密实混凝土灌注—灌浆后复测—平顺性检测—扣件更换率测算。

(2)轨道板精调施工流程如图 7-56 所示。

(三)轨道板精调实施流程

轨道板精调以深圳大铁公司轨道板精调软件为例进行介绍。

任务七 轨道施工测量

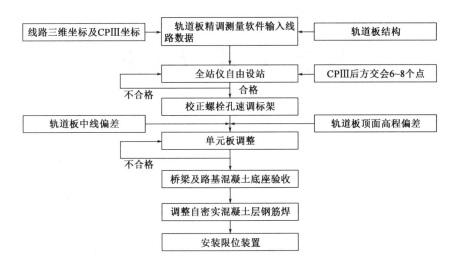

图 7-56 轨道板精调施工流程

1. 测量前的准备

提前整理好线路相关设计资料、CPⅢ控制点坐标等。现场连接工控机、电台、电池等设备,对全站仪进行检查与检校。对待测区域每块轨道板的每个承轨台进行检测,查看轨道板翘曲情况,然后根据轨道板翘曲值,设置每个精调点位的精调设计数值,从而使轨道铺设后,扣件更换率最低,如图 7-57 所示。

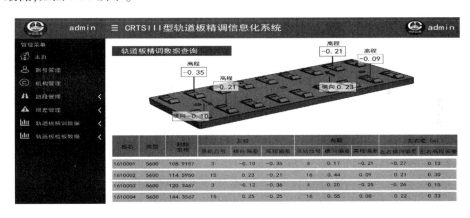

图 7-57 CRTSⅢ型轨道板精调数据查询

2. 全站仪设站

如图 7-58 所示,全站仪架设在线路中线附近,后视前后 6~8 个 CPⅢ 点,进行自由设站。设站精度满足相关规范要求。每次设站距离应控制在 70m 以内;测量条件较差时,根据具体环境缩短目标距离(建议 50~60m,实时测量结果应稳定在 0.7mm 以内);恶劣条件下禁止作业,自由设站精度 1mm,保证站与站的平顺过渡。后方交会设站精度要求:方向,≤2″;高程,≤0.7mm;坐标(X,Y),≤0.7mm(注:连续桥、特殊孔跨桥自由设站点精度可放宽至 1.0mm)。

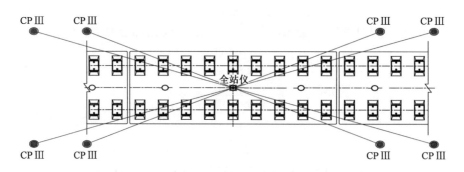

图 7-58 全站仪设站方法

3. 检校标架

每天工作前先将标准标架放在任意一块轨道板远端的承轨台上,对标架上固定端(全站仪左侧)棱镜进行测量,然后掉头,再对该棱镜进行测量;标准标架测量完毕后分别放上其他测量标架,全站仪将按照先左棱镜后右棱镜的顺序自动进行测量,并将与标准标架的偏差量计入精调软件中,达到检校的目的。

如图 7-59 所示,测量过程中,全站仪架设在前进方向的第四块板上,每测站精调三块轨道板,俗称"架四调三",超过此范围时宜重新设站。测量标架放置规则如下:

(1)测量标架Ⅰ、Ⅵ安置在待调板距全站仪最近端的一对承轨槽上。

(2)测量标架Ⅱ、Ⅴ安置在倒数第二排承轨台上。

(3)测量标架Ⅲ、Ⅳ安置在已精调好轨道板第二排承轨台上。

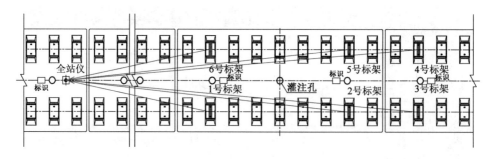

图 7-59 全站仪与精调标架布设位置

4. 轨道精调

使用 RFID 扫描器,获取当前轨道板标签信息。对轨道板上的各个棱镜进行测量,依据轨道板精调软件实时显示的轨道精调数据,根据软件界面显示的调整量,遵循"先大后小""先高程后平面"的原则进行调整。让操作人员对轨道板进行调整,如图 7-60 所示。调整完成之后,全站仪进行复测,如图 7-61 所示,图中 H5 表示 5 号标架高程误差为 −0.5mm;R2 表示 2 号标架横向误差为 +0.5mm,L1 表示 1 号标架纵向误差为 −0.9mm。依据轨道板铺设精调定位的限差要求(表 7-24),判断成果合格,并对精调后的轨道板数据进行存储,数据保存时,软件自动将 RFID 标签信息与轨道板检测信息关联起来。将标架放到下一块待调轨道板上,继续转入下一块板调整。

图 7-60 轨道板精调现场

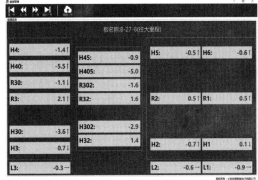

图 7-61 轨道板精调数据

轨道板铺设精调定位限差　　　　表 7-24

项次	项　目	允许偏差(mm)	检验数量	检验方法
1	轨道板中心线与线路中线的偏差	0.5	每板检查3处（两端和中部）	全站仪测量
2	轨道板顶面高程偏差	±0.5	全部检查	全站仪测量
3	纵向位置偏差	直线:5；曲线:2	全部检查	尺量
4	相邻轨道板接缝处承轨台顶面相对高差	0.5	全部检查	全站仪测量

精调后,在轨道板上放置"禁止踩踏"等警示标志。精调完成,必须在2h内完成自密实混凝土灌注,否则需要重新对轨道板进行精调。

5. 精调成果检测

对轨道板的检测作业是精调完毕的轨道板经过浇筑自密实混凝土后,在轨道板承轨台上不安装钢轨的情况下进行的,即在不考虑钢轨扣件要素的情况下进行的。轨道板精调成果检测的主要任务是,发现尤其在板接缝处平面和高程上的误差超限情况以及板中央的高程偏差,并作出轨道板平顺性的分析和评估,为钢轨铺设做好准备。灌浆后,可能存在压紧装置松动,导致轨道板上浮或者偏移的情况,因此灌浆后必须对轨道板进行复测,复测时间在混凝土初凝后终凝前;若发现轨道板上浮或偏移较大,必须揭板,重新精调浇筑混凝土。

CRTSⅢ板的检测方法同板的精调方法,但标架应经过严格的校正,最好使用标准框进行检测。检测时可使用CPⅢ网,利用CPⅢ点测量时自由设站观测最少4对CPⅢ点完成定向。全站仪测站沿检测作业的运动方向选定,使用与之配套的标准三脚架。检测时每个测站最多测6块轨道板,换站时要搭接测量上一站的最后一块板,检测结果应符合表7-25的规定。

轨道板位置允许偏差(mm)　　　　表 7-25

序号	检查项目	允许偏差	备注
1	高程	±2	
2	中线	2	

续上表

序号	检查项目		允许偏差	备　注
3	相邻轨道板接缝处承轨台顶面相对高差		1	不允许连续3块以上轨道板出现同向偏差
4	相邻轨道板接缝处承轨台顶面相对平面位置		1	
5	轨道板纵向位置	曲线地段	5	
		直线地段	10	

6. 平顺性检测

灌浆复测完成,数据合格,待混凝土强度满足要求后,需对整段(一般以1km为单位统计)进行平顺性检测;平顺性检测时,以倒U字的顺序检测,每测站检测检测6块板左右(图7-62)。平顺性检测后(图7-63),可以根据检测成果,对轨道板精调的平顺情况进行评估。

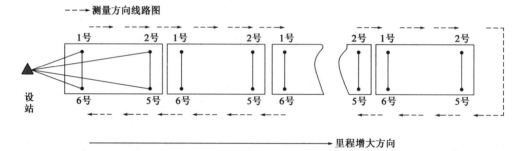

图7-62　平顺性检测示意图

ID	点名	东坐标(m)	北坐标(m)	高程(m)	里程	板名	左右侧	DQ(mm)	DL(mm)	DH(mm)	备注
1	1	495665.45458	4587723.01103	248.63836	382551.28605	L017648	右	0.2	-0.8	-10.3	
2	2	495664.93742	4587722.65262	248.63984	382550.65683	L017648	右	0.9	-0.1	-10.0	
3	3	495664.41953	4587722.29437	248.64102	382550.02711	L017648	右	1.1	0.1	-10.1	
4	4	495663.90128	4587721.93618	248.64196	382549.39712	L017648	右	1.0	0.1	-10.4	
5	5	495663.38371	4587721.57832	248.64348	382548.76788	L017648	右	0.9	0.8	-10.1	
6	6	495662.86607	4587721.22006	248.64456	382548.13836	L017648	右	1.1	1.2	-10.3	
7	7	495662.34829	4587720.86191	248.64603	382547.50878	L017648	右	1.0	1.6	-10.1	
8	8	495661.82999	4587720.50286	248.64734	382546.87826	L017648	右	1.4	1.0	-10.0	
9	9	495661.31161	4587720.14436	248.64829	382546.24799	L017648	右	1.2	0.6	-10.3	
10	10	495660.80070	4587719.79007	248.65036	382545.62572	L017647	右	1.7	8.8	-9.5	
11	11	495660.28295	4587719.43106	248.65179	382544.99568	L017647	右	2.2	8.7	-9.3	
12	12	495659.76482	4587719.07250	248.65312	382544.36558	L017647	右	2.0	8.5	-9.2	
13	13	495659.24746	4587718.71401	248.65401	382543.73617	L017647	右	2.2	9.0	-9.6	
14	14	495658.72915	4587718.35512	248.65544	382543.10573	L017647	右	2.1	8.5	-9.4	
15	15	495658.21218	4587717.99682	248.65672	382542.47673	L017647	右	2.3	9.5	-9.4	
16	16	495657.69439	4587717.63822	248.65847	382541.84689	L017647	右	2.1	9.6	-8.9	
17	17	495657.17672	4587717.27935	248.65933	382541.21699	L017647	右	2.2	9.6	-9.3	
18	18	495656.65876	4587716.92141	248.66102	382540.58739	L017647	右	1.4	9.9	-8.9	
19	19	495656.13110	4587716.55512	248.66101	382539.94453	L017646	右	1.9	-2.5	-10.2	
20	20	495655.61251	4587716.19528	248.66231	382539.31332	L017646	右	2.1	-3.8	-10.1	
21	21	495655.09530	4587715.83670	248.66333	382538.68396	L017646	右	2.1	-3.2	-10.4	
22	22	495654.57837	4587715.47815	248.66412	382538.05487	L017646	右	2.2	-2.4	-10.8	
23	23	495654.06064	4587715.11924	248.66532	382537.42489	L017646	右	2.0	-2.4	-10.9	
24	24	495653.54284	4587714.76033	248.66638	382536.79487	L017646	右	1.7	-2.5	-11.1	
25	25	495653.02486	4587714.40138	248.66772	382536.16467	L017646	右	1.3	-2.8	-11.1	
26	26	495652.50756	4587714.04257	248.66886	382535.53511	L017646	右	1.2	-2.4	-11.2	
27	27	495651.98954	4587713.68361	248.67021	382534.90487	L017646	右	0.7	-2.7	-11.2	
28	28	495651.47072	4587713.32272	248.67205	382534.27235	L017645	右	1.2	-4.8	-10.5	
29	29	495650.95289	4587712.96326	248.67319	382533.64199	L017645	右	1.1	-5.2	-10.7	
30	30	495650.43484	4587712.60414	248.67431	382533.01164	L017645	右	0.6	-5.7	-10.9	
31	31	495649.91773	4587712.24479	248.67572	382532.38192	L017645	右	0.7	-5.4	-10.7	
32	32	495649.40092	4587711.88540	248.67682	382531.75244	L017645	右	1.0	-5.0	-10.8	

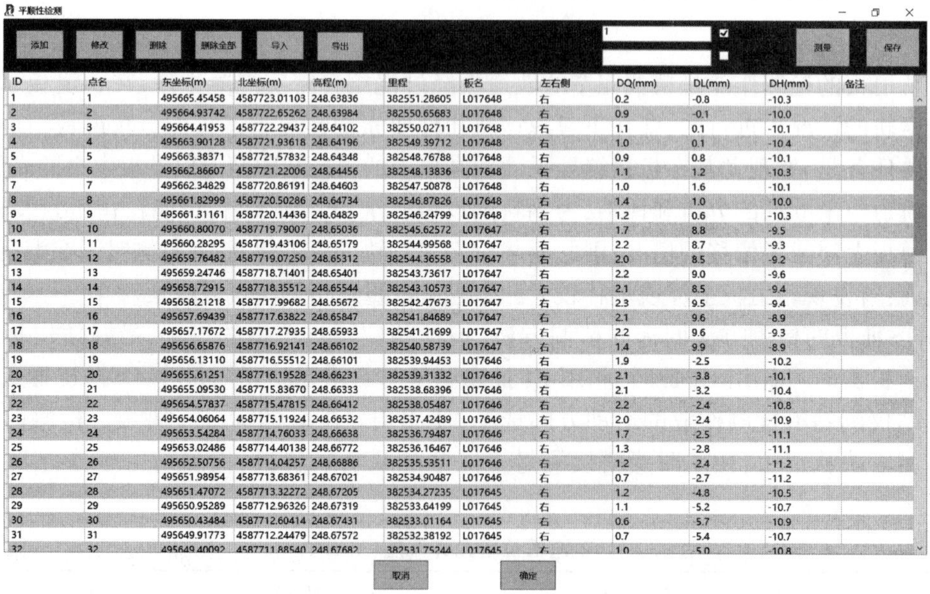

图7-63　轨道板精调平顺性评估

平顺性检测时,若对每个轨枕的数据进行采集,可以根据标准扣件和垫板,测算扣件更换率。平顺性检测的目的除了评估轨道板精调质量,更重要的是分析铺轨后,每个轨枕的扣件使用情况。

将平顺性检测成果数据导入扣件更换率测算软件(图 7-64),通过人工干预的方式对铺轨后的轨距、水平(超高)、轨距变化率、轨向、高低、扭曲等几何参数进行分析,最终得到每个轨枕扣件使用情况。

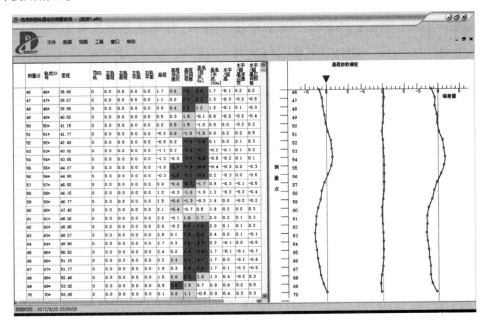

图 7-64 平顺性调整软件界面

7. 精调误差来源

(1)棱镜和工装标架方案的误差主要来源:测量误差、CRTSⅢ型板生产加工误差和工装标架的误差等。

(2)软件里提供了标架校正的功能,可以消除棱镜和标架的加工误差,使这项误差在同一系统内作为一种系统差,不影响相对误差。即利用同一系统测量出的结果在系统内的线性可以得到保证。

(3)设站的误差,软件中采用了搭接平滑过渡的方案,既消除设站误差,也可以确保测量的线性。

(4)标架放置误差,根据标架的结构,理论上不会大 0.1mm,实际上该误差源自人为因素和螺栓孔口的杂物。因此,在测量时检查螺栓孔是必要的工作。

(5)棱镜和全站仪的测量误差可以通过采用高等级的全站仪和棱镜来解决。

六、轨道精调

CRTSⅢ型无砟轨道精调与双块式轨道精调相同,均使用轨道几何状态检测小车进行轨道检测与调整,本节不做介绍,将在下节双块式轨道精调中详细介绍轨道精调方法。

子任务三　双块式轨道精调

双块式无砟轨道精调处于双块式无砟轨道道床板施工工序阶段，道床板施工程序为：施工准备、测设中线标点、底层钢筋安装、散布轨枕、组装轨排、粗调、上层钢筋绑扎、测电阻、安装模板、固定轨排调节器、精调、混凝土浇筑、养护、数据采集、模板及排架拆除、模板及排架转运，其施工流程如图 7-65 所示。

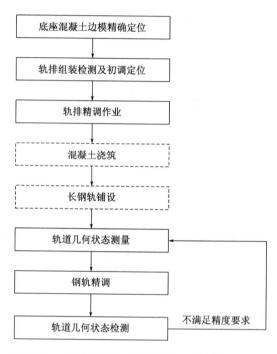

图 7-65　CRTS I 型双块式无砟轨道施工精调作业流程图

一、底座混凝土模板定位

根据 CPⅢ控制点，每隔 10m 测设并标记一个轨道中心控制点，并记录控制点准确里程及坐标值。以轨道中心控制点为基准放样出轨枕控制边线和道床板的纵、横向模板边线。

二、轨排粗调

（一）轨排就位

铺装龙门吊从分枕组装平台上吊起轨排运至铺设地点，按中线和高程定位，误差控制在高程 −10~0mm、中线 ±10mm。相邻轨排间使用夹板联结，每接头安装 4 套螺栓，初步拧紧，轨缝留 6~10mm。每组轨排按准确里程调整轨排端头位置。注意将轨排上的横向调整装置设置到中位。

(二)轨排粗调

利用轨道中线点参照轨排框架上的中心基准器进行排架中线的定位调整,左右调节横向调整螺栓进行调整。配备全站仪和测量手簿,采用自由设站法定位,设站时应至少观测附近6个CPⅢ点。采用手簿及道尺提供的轨排状态数据进行调整作业,旋动竖向支撑螺杆进行高程方向的粗调。

使用轨道排架横向、竖向调整机构完成轨排的粗调工作,按照先中线后高程的顺序循环进行。粗调后的轨排位置误差控制在高程 $-5\sim0$mm、中线 5mm。

(三)模板安装

模板安装前应先进行以下检查工作:模板平整度,模板清洗情况,脱模剂涂刷情况,更换损坏或弯折的模板。单元板缝位置必须准确放样、划线标注。横向模板通过螺栓与纵向模板相连,使横纵向模板成为一整体,下端用钢筋固定。在安装前调整轨道排架横梁两端的模板超高调节螺栓,保证纵向模板安装槽垂直地面。

纵向模板采用小型组合式模板、人工进行安装,纵向连接采用螺栓。其允许偏差见表7-26。

道床板模板安装允许偏差(mm)　　　表7-26

序号	项目	允许偏差	备注
1	顶面高程	±5	均为模板内侧面的允许偏差
2	宽度	±5	均为模板内侧面的允许偏差
3	中线位置	2	均为模板内侧面的允许偏差

三、精调系统

(一)系统组成

双块式无砟轨道精调系统包括:轨道几何状态测量仪(图7-66)、便携式笔记本、无线通信系统、伺服马达全站仪及相关精调系统软件。

(二)测量原理

轨检小车主要用于轨道几何状态数据静态采集和现场轨道精调作业。全站仪在CPⅢ控制网内做自由设站,计算出测站点的理论三维坐标值和所在的里程;当全站仪测量放置轨检小车上棱镜中心的三维坐标,然后结合事先

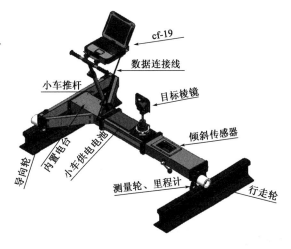

图7-66　轨道几何状态测量仪

严格标定的轨检小车的几何参数、小车的定向参数、水平传感器所测横向倾角及实测轨距,即可换算出对应里程处的中线位置和低轨的轨面高程,进而与该处的设计中线坐标和设计轨面高程进行比较,得到实测的线路绝对位置与理论设计之间的差值。根据技术指标对轨道的绝对位置精度进行调整与评价。

(三)精调系统检测内容及方法

精调系统可检测轨道高程、水平、轨距、超高、扭曲、轨向、高低等轨道的不平顺参数。具体的检测内容与方法如下:

(1)中线坐标及轨面高程的检测

轨道中线坐标和轨面高程的检测,是对线路轨道工程质量状况的最基本的评价。通过检测轨道实测坐标和高程值与线路设计值进行比较得出的差值,可以全面直观反映轨道工程质量。

检测方法:如图 7-67 所示,使用高精度全站仪实测出轨检小车上棱镜中心的三维坐标,然后结合事先严格标定的轨检小车的几何参数、小车的定向参数、水平传感器所测横向倾角及实测轨距,即可换算出对应里程处的中线位置和低轨的轨面高程,进而与该里程处的设计中线坐标和设计轨面高程进行比较,得到实测的线路绝对位置与理论设计之间的差值,根据技术指标对轨道的绝对位置精度进行评价。

 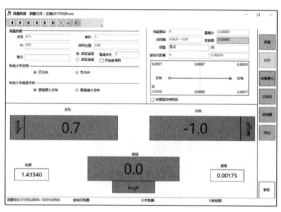

图 7-67　现场效果图及软件显示界面

(2)轨距检测

轨距是指两股钢轨顶部内侧轨顶面下 16mm 处两作用边之间的最小距离。轨距不合格将使车辆运行时产生剧烈的振动。

检测方法:我国标准轨距的标称值为 1435mm。如图 7-68 所示,在轨距检测时,通过轨检小车上的轨距传感器进行轨距测量。轨检小车的横梁长度须事先严格标定,则轨距可由横梁的固定长度加上轨距传感器测量的可变长度而得到,进而进行实测轨距与设计轨距的比较。

(3)水平(超高)检测

列车通过曲线时,将产生向外的离心作用,该作用使曲线外轨受到很大的挤压力,不仅加速外轨磨耗,严重时还会挤翻外轨导致列车倾覆。为平衡离心作用,在曲线轨道上设置外轨超高。

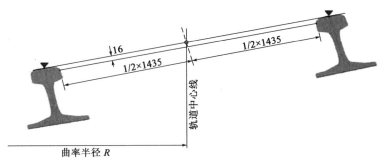

图 7-68　轨距检测示意图(尺寸单位:mm)

检测方法:检测时,如图 7-69 所示,由轨检小车上搭载的水平传感器测出小车的横向倾角,再结合两股钢轨顶面中心间的距离,即可求出线路超高,进而进行实测超高与设计超高的比较。在每次作业前,水平传感器必须校准。

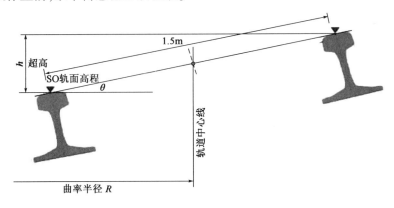

图 7-69　超高检测

(4)10m 弦长轨向/高低检测(中国标准)

轨向是指轨道的方向,在直线上是否平直,在曲线上是否圆顺。如果轨向不良,势必引起列车运行中的摇晃和蛇行运动,影响到行车的速度和旅客舒适性,甚至危及行车安全。高低是指钢轨顶面纵向的高低差。高低的存在将使列车通过这些钢轨时,钢轨受力不再均匀,从而加剧钢轨与道床的变形,影响行车速度与旅客舒适性。

检测方法:如图 7-70 所示,实测中线平面坐标得到以后,在给定弦长的情况下,可计算出任一实测点的正矢值;该实测点向设计平曲线投影,则可计算出投影点的设计正矢值,实测正矢和设计正矢的偏差即轨向/高低值。

(5)短波不平顺

假定钢轨支承点的间距(即轨枕间距)为 0.625m,采用 30m 弦线,按间距 5m 设置一对检测点,则支承点间距的 8 倍正好是两检测点的间距 5m。检测示意图如图 7-71 所示。

注:短波不平顺中国标准采用 10m 弦线。

上图中的点是钢轨支承点的编号,以 P_1 到 P_{49} 表示。P_{25} 与 P_{33} 之间的轨向检测按下式计算:

$$\Delta h = \left| (h_{25设计} - h_{33设计}) - (h_{25实测} - h_{33实测}) \right| \leqslant 2mm$$

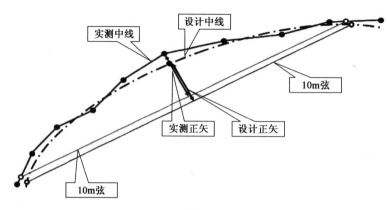

图 7-70　轨向/高低检测示意图

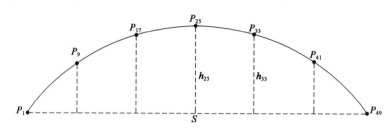

图 7-71　短波不平顺检测示意图

(6)长波不平顺

假定钢轨支承点的间距,或者说轨枕间距为 0.625m,采用 300m 弦线,按间距 150m 设置一对检测点,则支承点间距的 240 倍正好是两检测点的间距 150m。检测示意图如图 7-72 所示。

注:短波不平顺中国标准采用 150m 弦线,按间距 75m 设置检测点。

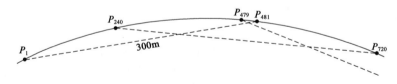

图 7-72　长波不平顺检测示意图

上图中的点是钢轨支承点的编号,以 P_1 到 P_{720} 表示。P_{25} 与 P_{265} 之间的轨向检测按下式计算:

$$\Delta h = \left| (h_{25\text{设计}} - h_{265\text{设计}}) - (h_{25\text{实测}} - h_{265\text{实测}}) \right| \leq 10\text{mm}$$

高速铁路轨道静态平顺度应满足表 7-27 的允许偏差。

轨道静态平顺度允许偏差　　　　表 7-27

序号	项 目	无 砟 轨 道		有 砟 轨 道	
		允许偏差	检测方法	允许偏差	检测方法
1	轨距	±1mm	相对于 1435mm	±1mm	相对于 1435mm
		1/1500	变化率	1/1500	变化率

续上表

序号	项目	无砟轨道		有砟轨道	
		允许偏差	检测方法	允许偏差	检测方法
2	轨向	2mm	弦长10m	2mm	弦长10m
		2mm/8a	基线长48a	2mm/5m	基线长30m
		10mm/240a	基线长480a	10mm/150m	基线长300m
3	高低	2mm	弦长10m	2mm	弦长10m
		2mm/8a	基线长48a	2mm/5m	基线长30m
		10mm/240a	基线长480a	10mm/150m	基线长300m
4	水平	2mm	—	2mm	—
5	扭曲(基长3m)	2mm		2mm	
6	与设计高程偏差	10mm		10mm	
7	与设计中线偏差	10mm		10mm	

注：1. 表中 a 为轨枕/扣件间距。
    2. 站台处的轨面高程不应低于设计值。

四、精调作业

(一) 数据输入

输入并核对设计数据(平、竖曲线,超高)和控制点坐标,并分别输入坐标换带和长短链相关参数。输入过程中应重点注意正负号所代表的意义,核对东坐标、北坐标,确保数据的有效性和操作的准确性。

1. 平曲线参数输入

(1) 平曲线参数输入基本操作

选择【测量文件】—【设计中线文件】—【设置】—【平面】,进入平曲线参数输入界面(图 7-73)。在右侧【数据录入】下方输入五大桩参数、【新建】添加桩点、【修改】选择一个桩点修改其参数、【删除】删除选择的桩点。

(2) 平曲线参数输入规则

①General Trolley 平曲线参数采用桩点法输入,输入先后顺序为:直缓点、缓圆点、圆缓点、缓直点、直缓点……缓直点。

②线形输入的起点和终点必须是直线上的点,也可以是直线与曲线的交点直缓点,其输入要素为:线形、东坐标(E/Y)、北坐标(N/X)、半径、缓和曲线长度。

③应该按照里程增大的顺序输入,起点里程必须准确,软件可以自动推算后续各要素的里程,可与已知数据进行核对、验证。

④桩点输入要素有:里程、线形、东坐标、北坐标、半径、缓和曲线长度、方位角(弧度)、方位角(度 分 秒)。

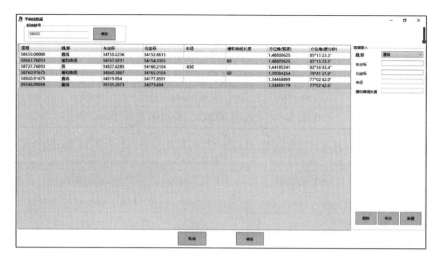

图 7-73　平曲线参数输入界面

(3)平曲线参数输入方法

步骤一,在平曲线数据对话框右上角输入起始桩号的里程,必须是直线上的点或者直线与曲线的交点直缓点。如图 7-74 所示,在【数据录入】下方,选择线形(第一个必须选择直线),输入东坐标、北坐标。输入完成,点击【新建】,第一个点添加完成。

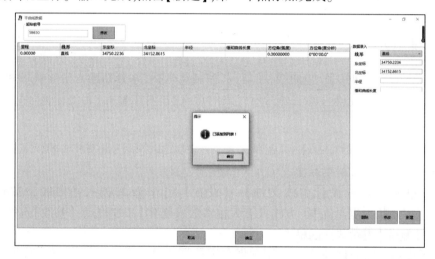

图 7-74　直线参数录入界面

步骤二,如图 7-75 所示,继续输入参数,线形选择"回旋曲线",输入东坐标、北坐标、缓和曲线长度,点击【确定】,将第二个点添加到列表中。

步骤三,重复步骤二,继续添加所有需要输入的点。

步骤四,最后输入线路终点,它必须是直线上的点或者下一个直线与曲线的桩点。

步骤五,将软件自动生成的里程、方位角与设计对比,核对输入的线形参数是否正确。

步骤六,检查无误后,点击【确定】按钮,将输入的平曲线参数保存至 Design.xml 文件中。

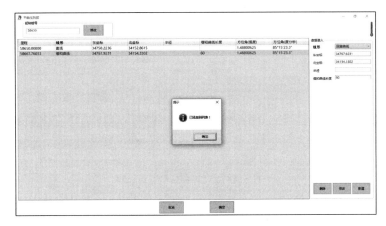

图 7-75　曲线参数录入界面

2. 竖曲线参数输入(图 7-76)

(1)竖曲线输入基本操作

选择【测量文件】—【设计中线文件】—【设置】—【纵断面】,进入竖曲线录入窗口。各按钮功能与平曲线一致,在此不再一一介绍。

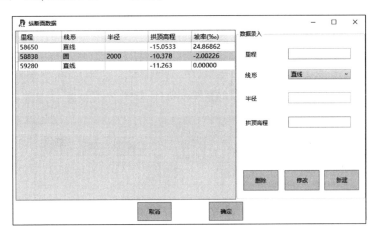

图 7-76　竖曲线参数输入界面

(2)竖曲线输入规则

①General Trolley 竖曲线参数采用变坡点参数输入,输入先后顺序为:竖曲线起点、变坡点……变坡点、竖曲线终点。

②竖曲线输入与平曲线对应。曲线起点必须是直线段上的点,其输入要素有:纵坡起点里程、纵坡终点里程、起点高程。

③变坡点输入要素有:纵坡起点里程、纵坡终点里程、竖曲线半径、顶点高程。

④竖曲线要素点应按照里程增大的顺序输入。

⑤坡度数据采用‰作为单位。

(3)竖曲线参数输入方法

步骤一:如图 7-77 所示输入纵坡的起点,里程与平曲线一致。在右侧【数据录入】下方依次输入:里程、线形(直线)、拱顶高程。输入完成,点击【新建】,保存输入的纵断面参数。

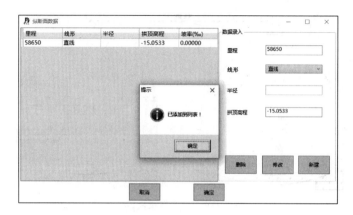

图 7-77　输入纵坡起点界面

步骤二:再输入第一个变坡点(图 7-78),右侧依次输入:里程、线形(圆)、半径、拱顶高程。输入完成,点击【新建】,保存第一个变坡点参数。

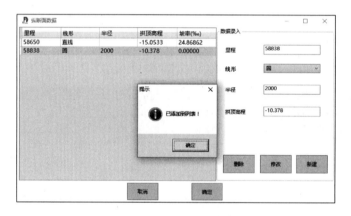

图 7-78　输入变坡点界面

步骤三:重复步骤二,添加所有需要输入的变坡点。

步骤四:最后输入纵坡终点,它必须是直线上的点:右侧输入终点参数。输入完成,点击【确定】,保存终点参数。

步骤五:将软件自动生成的坡率与设计对比,核对输入的线形参数是否正确。

步骤六:检查无误后,点击【确定】按钮,将输入的平曲线参数保存至 Design.xml 文件中。

3. 超高参数输入

(1)超高参数输入基本操作(图 7-79)

选择【测量文件】—【设计中线文件】—【设置】—【超高】,进入超高参数输入界面。

(2)超高参数输入规则

①General Trolley 超高参数输入时,各输入点里程应平曲线一致。

②超高输入要素:里程、超高值。

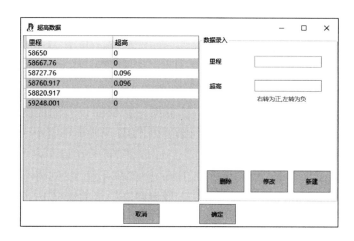

图 7-79 超高参数输入界面

（3）超高参数输入方法

步骤一：输入超高的起点，里程与平曲线一致。右侧【数据录入】对话框中依次输入里程、超高。输入完成，点击【新建】，保存输入的超高参数。

步骤二：继续添加平曲线第二个点的里程，在设计图上找到相应的超高值，输入相应的超高参数。

步骤三：重复步骤二操作，添加所有需要输入的超高值。

步骤四：添加完成后，点击【确定】按钮，将输入的超高参数保存至 Design.xml 文件中。

（二）仪器检校

全站仪首次使用前，或在精调测量中出现偏差较大时，应正倒镜检查全站仪的竖直角和水平角的偏差，如果超过 3″，则在气象条件较好的条件下对全站仪进行组合校准和水平轴倾角误差校准，检查全站仪 ATR 工作状态是否良好。每天精调测量开始时，或环境温度急剧变化后，应对精调小车的倾角传感器进行校核，校核后正反两次测量的超高偏差应在 ±0.3mm 以内。

（三）全站仪设站

全站仪自由设站观测的 CPⅢ控制点不应少于 4 对，全站仪宜设在线路中线附近，位于所观测的 CPⅢ控制点的中间。更换测站后，相邻测站重叠观测的 CPⅢ控制点不应少于 2 对。每测站最大测量距离不应大于 80m。自由设站点精度应符合表 7-28 的要求。

自由设站点精度表　　　　　　　　　　表 7-28

项目	X	Y	H	方向
中误差	≤0.7mm	≤0.7mm	≤0.7mm	≤2″

注：连续桥、特殊孔跨桥自由设站点精度可放宽至 1.0mm。

完成自由设站后，CPⅢ控制点的坐标不符值应满足表 7-29 的要求。当 CPⅢ点坐标不符值 X、Y 大于表 7-29 的规定时，该 CPⅢ点不应参与平差计算。每一测站参与平差计算的 CPⅢ控制点不应少于 6 个。

CPⅢ控制点坐标不符值限差要求　　　　　表7-29

项目	X	Y	H
控制点不符值	≤2mm	≤2mm	≤2mm

使用8个CPⅢ控制点进行自由设站,设站精度不满足要求时,可纳入精调前进方向远方的一对CPⅢ控制点重新进行计算,站点前后必须有一个60m以上的控制点参与设站。全站仪设站位置应选择在待调轨道线路中线,且与最近处CPⅢ点距离不宜小于15m。

全站仪设站完成后,将小车推至与全站仪55m以内的位置,待小车稳定后,多次采集数据,查看数据是否处于稳定状态(变化小于0.7mm)。如果不稳定,则将小车再往前推一段距离重复上述工作,直到稳定的工作距离位置。在环境状态稳定的情况下,将此距离作为一个测站的工作距离。

(四)精调小车安装

轨道精调小车的安装与全站仪设站同时进行,小车上下道应轻拿轻放,严谨碰撞;确保各走行轮与轨距测量装置与钢轨紧密接触;小车安装完成后检查与全站仪的通信是否顺畅;确保电池有足够的电量完成阶段时间内的轨道精调任务。安装步骤如下:

(1)打卡仪器箱,取出轨检小车各部件;
(2)将轨检小车主体部分拼装好(单轮部分、双轮部分);
(3)安装棱镜杆、棱镜、连接通信电缆;
(4)将军用笔记本电脑放置于托盘之上,调整小车推杆和托盘的角度;
(5)将无线电通信调制解调器天线连接到轨检小车单轮部分的相应位置;
(6)接通供电电源并打开开关;
(7)打开电脑,进入 General Trolley 数据采集软件界面。

(五)调试通信系统

设置全站仪与 General Trolley 的通信参数,如图7-80所示。

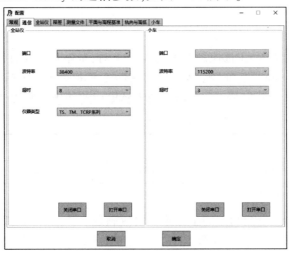

图7-80　通信参数设置界面

①端口设置:选择全站仪与 General Trolley 的通信端口。
②波特率,115200bit/s;仪器类型,根据使用的全站仪类型,选择对应的仪器类型。
注意:一般情况下,使用 Y 型电缆直接连接电脑时,通信端口为 com1;采用蓝牙通信时,通信端口为 com40;采用 USB 转串口线时,应在资源管理器中查看对应的端口号。

(六)选定测量线路及导向轨,设置测量作业参数

运行 General Trolley 进入主界面,打开工程文件,如图 7-81 所示。

图 7-81　测量作业参数设置界面

General Trolley 主界面由 5 大操作功能组成,即文件、测量、设置、导出、数据处理,每一项操作功能又分为若干小项,它们共同完成 General Trolley 的每一项具体操作功能。点击某一项操作按钮,弹出对应的对话框,再根据需要进行配置。

(七)精调作业

轨排精调采用精调小车,通过全站仪与小车顶端的棱镜,将轨排高程、中线偏位等数据显示在小车顶部的电脑上,再用调整调整梁的方法,反复测调,最终使轨排线形满足设计要求。

(1)测量轨道数据。

手动将全站仪瞄准小车棱镜,并点击【测量】按钮,或者敲击键盘上的"空格键"或者"回车键",屏幕提示"正在测量……"并有测量进度显示条,测量完成,有声音提示,并显示轨道平面位置、水平、超高、轨距等测量结果,将误差值迅速反馈到精调小车的电脑显示屏幕上,指导轨道调整,如图 7-82 所示。

(2)调整中线。采用双头调节扳手,调整轨道中线。

(3)调整轨道高程。用普通六角螺帽扳手,旋转竖向螺杆,调整轨道水平、超高。

(4)轨道精调完成后,尽早浇筑混凝土。浇筑混凝土前,如果轨道放置时间超过 6h,或环境温度变化超过 15℃,或受到外部条件影响,必须重新检查或调整。调整到位后,点击【保存】按钮,将轨道精调结果保存下来。

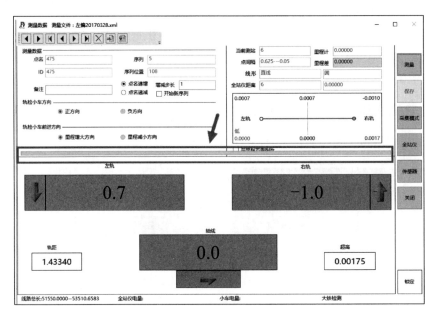

图 7-82 测量结果界面

精调作业由精调班组负责,精调工负责松紧支撑螺杆来调整轨排高程,由轨检小车搜集数据,对超出允许偏差范围的数据及时做调整。测量前应复核所用线形设计资料,CPⅢ成果资料无误,并输入正确。轨距控制在 1435mm,高程允许偏差为 ±2mm,考虑施工中轨排出现上浮的情况,将偏差范围控制在 −1~0mm,以确保施工后轨道精度。每次精调时需与上次或前一站重叠至少 8 根轨枕,同一点位的横向和高程的相对偏差均不应超过 2mm。精调过程中,应先调整偏差较大处,相邻几对螺杆同时调整,调整时步骤应协调一致。曲线段调整时垂直和水平方向同时调整。精调作业后轨排几何形位允许偏差应符合表 7-30 的要求。

轨排控制标准表 表 7-30

序号	检查项目	允许偏差	备注	检验方法
1	轨距	±1mm	相对于标准规矩 1435mm	全站仪、轨检小车
		1/1500	变化率	
2	轨向	2mm	弦长 10m	
		2mm/测点间距 8a m	基线长 48a m	
3	高低	2mm	弦长 10m	
		2mm/测点间距 8a m	基线长 48a m	
4	水平	2mm	不包含曲线、缓和曲线上的超高值	
5	扭曲(基线长 3m)	2mm	包含曲线和缓和曲线上由于超高顺坡所造成的扭曲量	
6	轨面高程	一般情况	±2mm	
		紧靠站台	+2mm,0mm	
7	轨道中线	2mm		
8	线间距	+5mm,0mm		

注:表中 a 为扣件点的间距。

(八)精调过程中的注意事项

(1)导向轨应根据前方曲线的偏向来判定。

(2)建议不选择"自动保存"选项,让人工保存最后测量结果,否则软件将会把调整过程中的每次测量结果都保存下来。

(3)一站的有效测量范围宜为:5~60m。

(4)在环境变化较大的情况下,建议测量过程中可以随时读取全站仪电子气泡和CPⅢ坐标进行校核,一旦发现气泡偏移较大或者CPⅢ坐标偏差大于2mm,立即放弃当前测站的测量数据,重新设站后再重新进行轨道检测。

(九)轨道精调作业换站

轨道精调作业的换站与轨道检测换站不同,要求现场做换站搭接处理,并检查换站搭接偏差。如果换站偏差过大(大于2mm),重新设站。操作流程如下:

(1)一站测量完成后,将小车停放在最后一个测量位置上,解锁全站仪。

(2)全站仪换站,并完成设站,精度需满足要求。

(3)全站仪手动瞄准小车,锁定棱镜。

(4)点击【测量】按钮,或者敲击键盘上的"空格键"或者"回车键",屏幕提示"正在测量……"并有测量进度显示条,测量完成,有声音提示,并显示测量结果。

(5)查看搭接点精度,不超限即可进行本站测量;若超限时,应重新测量或者重新设站。

检验数量:全部检查。

检验方法:采用全站仪及轨道几何状态测量仪连续检测,并有监理见证检测。

五、长轨精调

长轨精调应在长钢轨应力放散并锁定后,采用全站仪自由设站方式配合轨道几何状态测量仪进行。

在精调前应对所有CPⅢ控制点进行复测,并报评估单位评估确认后采用合格的成果数据。轨道精调前应将线路平面、纵断面设计参数和曲线超高值等录入轨道几何状态测量仪。在测量时,每测站最大距离不应大于80m。测量步长为每一个轨枕必须测量,并编号。在更换测站后应重复上一测站最后的6~10根轨枕。

将采集完的数据用精调软件进行测量数据模拟调整,调整前首先明确基准轨:平面位置以高轨(外轨)为基准,高程以低轨(内轨)为基准,直线区间上的基准轨参考大里程方向的曲线。"先轨向,后轨距",轨向的优化通过调整高轨的平面位置来实现,低轨的平面位置利用轨距及轨距变化率来控制;"先高低,后超高(水平)",高低的优化通过调整低轨的高程来实现,高轨的高程利用超高和超高变化率(三角坑)来控制。平顺性指标可通过对主要参数(平面位置、轨距、高程、超高)指标曲线图的"削峰填谷"来实现。

扣件更换前,认真核对现场轨道实际情况,找准需更换扣件的轨枕(结合枕木编号,会使该项工作精确、高效),做出相应的标识,并用弦绳和道尺做必要的复核。更换扣件时,每次拆除扣件对应的枕木不得连续超过 5 根（防止胀轨），并且在更换扣件区段两端各松开 1~2 根轨枕扣件（只是松开，不拆除），确保扣件更换达到预期目的和平滑过渡。扣件更换结束后，再次核对调整量和扣件规格，确认无误后按规定力矩上紧螺栓，回收调整下来的扣件，打扫干净道床表面。

经精调整理后，无砟轨道静态铺设精度满足表 7-31 的要求。

无砟轨道静态铺设精度标准　　　　　　　　　表 7-31

序号	检查项目	允许偏差	检查方法	备 注
1	轨距	±1mm	全站仪轨检小车	相对于标准规矩 1435mm
		1/1500		变化率
2	轨向	2mm		弦长 10m
		2mm/测点间距 8a m 10mm/测点间距 240a m		基线长 48a m 基线长 480a m
3	高低	2mm		弦长 10m
		2mm/测点间距 8a m 10mm/测点间距 240a m		基线长 48a m 基线长 480a m
4	水平	2mm		不包含曲线、缓和曲线上的超高值
5	扭曲（基线长 3m）	2mm		包含曲线和缓和曲线上由于超高顺坡所造成的扭曲量
6	与设计高程偏差	10mm		站台处的轨面高程不应低于设计值
7	与设计中线偏差	10mm		

注：1. 表中 a 为扣件节点间距。
　　2. 站台处的轨面高程不应低于设计值。

本章课后习题

1. 简述 CPⅢ轨道控制网的布设形式。
2. 请分别简述 CPⅢ平面及高程控制网的观测方法。
3. CPⅢ平面控制测量水平方向观测采用何种方法？其外业观测技术要求有哪些？
4. 简述 CRTSⅢ型轨道板精调流程。
5. 简述双块式轨道精调流程。

任务八 竣 工 测 量

知识目标：
1. 掌握桥梁、隧道竣工测量及施测方法。
2. 掌握桥梁、隧道竣工图的施测要求。
3. 掌握桥梁、隧道竣工总图的编绘。

能力目标：
1. 能实施桥梁、隧道竣工测量。
2. 能编绘桥梁、隧道竣工图。

重、难点：
1. 桥梁、隧道竣工测量施测方法。
2. 桥梁隧道竣工图的编绘。

规范依据：
1.《工程测量规范》(GB 50026—2016)。
2.《国家基本比例尺地图图式 第1部分:1:500 1:1000 1:2000 地形图图式》(GB/T 20257.1—2017)。
3.《高速铁路工程测量规范》(TB 10601—2009)。

教学建议：
1. 总学时8课时，其中理论学时4课时，实训学时4课时。
2. 实训项目设置：
(1)桥梁、隧道竣工测量；
(2)桥梁、隧道竣工图编绘。

子任务一 桥梁竣工测量

一、桥梁竣工测量介绍

竣工测量是指各种工程建设竣工、验收时所进行的测绘工作。竣工测量的最终成果是竣工总平面图，它包括反映工程竣工时的地形现状、地上与地下各种建筑物以及各类管线平面位置与高程的总现状地形图和各类专业图等。竣工总平面图是设计总平面图在工程施工后实际情况的全面反映和工程验收时重要依据，也是竣工后工程改建、扩建的重要基础技术资料。因此,工程单位必须十分重视竣工测量。

其目的竣工测量不仅是验收和评价工程是否按图施工的基本依据,更是工程交付使用后,进行管理、维修、改建及扩建的依据。因此,竣工图和竣工资料是国家基本建设工程的重要技术档案资料,必须按规定绘制和整理,并长期保存。因此施工单位必须认真、负责地做好这项工作。

二、桥梁竣工测量阶段

桥梁竣工测量应当分两个阶段:

第一阶段是在桥梁墩台施工完毕、梁部架设以前,对全线桥梁墩台纵、横向中心线、支承垫石顶高程、跨度进行竣工测量,同时标出各台纵、横向中心线、支座中心线、梁端线及锚栓孔十字线,其位置偏差应满足表8-1的要求。

桥梁墩台允许偏差　　　　　　　　表8-1

项　　目	允许偏差(mm)	项　　目	允许偏差(mm)
墩台纵、横向中心距设计中心的距离	±20	支承垫石顶面高程	-10~0
梁一端两支承垫石顶面高程差	4		

第二阶段是在完成架梁后,对全桥中线贯通测量并在梁面标出桥梁工作线位置。其位置偏差应满足表8-2要求。

梁部允许偏差　　　　　　　　表8-2

项　　目	允许偏差	
	CRTSⅡ轨道结构	其他轨道结构
梁全长	±20mm	±20mm
梁面平整度	≤3mm/4m	≤3mm/m
相邻梁端桥面高差	≤10mm	≤10mm

三、桥梁竣工图的实测要求

桥梁竣工总图的比例尺,宜采用1:500;坐标系统、高程基准、图幅大小、图上标记、线条规格,应与原图设计图一致;图例符号,应采用现行国家标准《总图制图标准》(GB/T 50103—2010)。竣工总图应根据设计和施工资料进行编绘,当资料不全无法编绘时,应进行实测。

(1)竣工总图的实测,易采用全站仪测图及数字编辑成图的方法,成图软件和绘图仪的选用,应分别满足下列规定要求。

数字地形图测量软件的选用:①适合工程测量作业特点;②满足规范的精度要求、功能齐全、符号规范;③操作简便、界面友好;④采用常用的数据、图形输出格式,对软件特有的线形、汉字、符号,应提供相应的库文件;⑤具有用户开发功能;⑥具有网络共享功能。

计算机绘图所使用的绘图仪的主要技术指标,应满足大比例尺成图精度的要求。

(2)竣工总图中建(构)筑物细部点的点位和高程中误差,应满足表8-3规定。

细部坐标点的点位和高程中误差　　　　　　　　　　　　　　　　表 8-3

地物类型	点位中误差(cm)	高程中误差(cm)
主要建(构)筑物	5	2
一般建(构)筑物	7	3

（3）竣工总图的实测，应在已有的施工控制点上进行。当控制点被破坏时，应进行恢复。

（4）竣工总图实测的其他技术要求，如表 8-4、表 8-5 所示。

建(构)筑物细部坐标点测量的位置　　　　　　　　　　　　　　　　表 8-4

类别	坐标	高程
桥梁	大型的四角点，中型的中心线两端点，小型的中心点	大型的四角点，中型的中心线两端点，小型的中心点

注：建(构)筑物轮廓凹凸部分大于 0.5m 时，应丈量细部尺寸。

反算距离与检核距离较差的限差　　　　　　　　　　　　　　　　表 8-5

类别	主要建(构)筑物	一般建(构)筑物
较差的限差(cm)	7 + S/2000	10 + S/2000

注：S 为两相邻细部点间距的距离(cm)。

四、桥梁竣工总图的编绘

（1）竣工总图的编绘，应收集下列资料：总平面布置图、施工设计图、设计变更文件、施工检测记录、竣工测量资料、其他相关资料。

（2）编绘前，应对所收集的资料进行实地对照检核。不符之处，应实测其位置、高程及尺寸。

（3）竣工总图的编制，应符合下列规定：

①地面建(构)筑物，应按实际竣工位置和形状进行编制。

②地下管道及隐蔽工程，应根据回填前的实测坐标和高程记录进行编制。

③施工中，应根据施工情况和设计变更文件及时编制。

④对实测的变更部分，应按实测资料编制。

⑤当平面布置改变超过图上面积 1/3 时，不宜在原施工图上修改和补充，应重新编制。

（4）竣工总图的绘制，应满足下列要求：

①应绘出地面的建(构)筑物、道路、铁路、地面排水沟渠、树木及绿化地等。

②矩形建(构)筑物的外墙角，应注明两个以上点的坐标。

③圆形建(构)筑物，应注明中心坐标及接地处半径。

④主要建筑物，应注明室内地坪高程。

⑤道路的起终点、交叉点，应注明中心点的坐标和高程；弯道处，应注明交角、半径及交点坐标；路面，应注明宽度及铺装材料。

⑥铁路中心线的起终点、曲线交点，应注明坐标；曲线上，应注明曲线的半径、切线长、曲线长、外矢矩、偏角等曲线元素；铁路的起终点、变坡点及曲线的内轨轨面应注明高程。

⑦当不绘制分类专业图时,绘制给水管道、排水管道、动力管道、工艺管道、电力及通信。

五、桥梁竣工测量资整理及交验

桥梁竣工测量资料包括竣工测量记录和竣工测量成果。每项工程竣工时应由施工单位按设计文件要求和相关规定,对桥梁及附属建筑物的位置、尺寸、高程及用地界进行测量,设置永久性平面控制柱及水准点。提交竣工测量成果资料及检查记录。

竣工测量完成后,由竣工测量单位按照高速铁路竣工验收的要求编制桥梁竣工测量文件,竣工测量文件应包括下列资料:

(1)CPO、CPⅠ、CPⅡ、CPⅢ控制点、线路水准基点、维护基标、铁路用地界桩坐标成果及点之记。

(2)CPO、CPⅠ、CPⅡ、CPⅢ控制点、线路水准基点、维护基标桩橛、铁路用地界桩。

(3)桥梁几何状态竣工测量成果,包括桥梁中线位置、轨面高程、测点里程、坐标、轨距、水平、高低、扭曲等。

(4)桥梁竣工平、纵、横断面图。

(5)构筑物竣工图。

(6)桥梁沿线设备竣工测量成果,包括接触网、行车信号与线路标志等主要设备的竣工测量成果。

(7)构筑物变形测量成果,包括变形监测基点、变形监测点以及构筑物变形测量评估成果。

(8)竣工测量报告。

子任务二 隧道竣工测量

一、隧道竣工测量介绍

隧道工程竣工后,为了检查工程是否符合设计要求,并为设备安装和运营管理提供基础信息,需要进行竣工测量,绘制竣工图。由于隧道工程是在地下,因此隧道竣工测量具有独特之处。

隧道断面测量,这是一项在隧道施工中和竣工验收阶段必须进行的测量工作。在地铁或山岭隧道等的洞身开挖前,精确、快速地测放出设计开挖轮廓线,可以有效减少超欠挖量、加快施工进度,节约建设成本;在一般土石方隧道的开挖后及初期支护后,经常要用到隧道断面的随机检测、局部检测和单点随机检测;在竣工验收阶段,要汇总一定里程间隔的实测断面并与设计断面比照,比照资料作为工程质量评定和运营管理的依据。

因此,隧道断面测量在隧道工程建设及运营管理阶段占有相当的比重。

二、隧道竣工测量

隧道主体工程施工完毕,隧道顶、隧道侧填土前,应测量隧道长、孔径、隧道进出口仰拱底板高程及仰拱填充面高程等。并据此推算板顶填土厚度,确定其是否满足设计要求。

隧道竣工测量包括隧道二等水准贯通测量与调整、隧道中线贯通测量及隧道横断面测量,隧道长度大于800m时,应按规范要求进行洞内CPⅡ控制网测量。

(一)隧道中线贯通测量

隧道中线贯通测量分平面贯通测量和高程贯通测量。前者是测定实际的横向和纵向贯通误差,测量方法根据洞内控制的形式而异:对于采用中线法施工的隧道贯通之后,应从相向测量的两个方向各自向贯通面延伸中线,并各钉一临时桩,量取两桩之间的距离,即得到隧道的实际横向贯通误差,两临时桩的里程之差即为隧道的实际纵向贯通误差;采用单导线作为洞内控制时,贯通之后在贯通面上钉一临时桩,从相向测量的两个方向各自向临时桩进行支导线测量,分别测取临时桩点的平面坐标,将两组坐标的差值分别投影到贯通面上和隧道中线上,则贯通面上的投影即为横向贯通误差,在中线上的投影即为纵向贯通误差。其他类型的控制图形可据实际情况设计适合的方法。高程贯通测量测定实际的竖向贯通误差,通常采用水准测量方法,从隧道两端洞口附近的水准点开始,各自向洞内进行,分别测出贯通面上同一点的高程,即获此点的两个高程之差。

工作步骤如下:

(1)调查了解待贯通井巷的实际情况,根据贯通的容许偏差,选择合理的测量方案与测量方法。

(2)依据选定的测量方案和方法进行施测和计算,每一施测和计算环节,均须有独立可靠的检核,并要将施测的实际测量精度与原设计书中要求的精度进行比较。若发现实测精度低于设计中所要求的精度时,应当分析其原因,采取提高实测精度的相应措施,返工重测。

(3)根据有关数据计算贯通巷道标定的几何要素,并实地标定巷道的中线和腰线。

(4)根据掘进巷道的需要,及时延长巷道的中线和腰线,定期检查测量和填图,并按照测量结果及时调整中线和腰线。

(5)巷道贯通之后,应立即测量出实际的贯通偏差值,并将两端的导线连接起来,计算各项闭合差。此外,还应对最后一段巷道的中腰线进行调整。

(6)重大贯通工程完成后,应对测量工作进行精度分析与评定。

(二)隧道横断面测量

隧道竣工时,还要进行纵断面测量和横断面测量。纵断面应沿中线方向测定底板和拱顶高程,每隔10~20m测一点,绘出竣工纵断面图,在图上套绘设计坡度线进行比较。直线隧道每隔10m、曲线隧道每隔5m测一个横断面。横断面测量可以用直角坐标法或极坐标法。如图8-1a)所示,用直角坐标法测量隧道竣工横断面。测量时,是以横断面的中垂线为纵轴,以起拱线为横轴,量出起拱线至拱顶的纵距和中垂线至各点的横距,还要量出起拱线至底板中心的高度z等,依此绘制竣工横断面图。

横断面测量方法:

如图8-1b)所示,用极坐标法测量竣工横断面。用一个有0°~360°刻度的圆盘,将圆盘上0°~180°刻度线的连线方向放在横断面中垂线位置上,圆盘中心的高程从底板中心高程量出。

用长杆挑一皮尺零端指着断面上某一点,量取至圆盘中心的长度,并在圆盘上读出角度,即可确定点位。在一个横断面上测定若干特征点,就能据此绘出竣工横断面图。

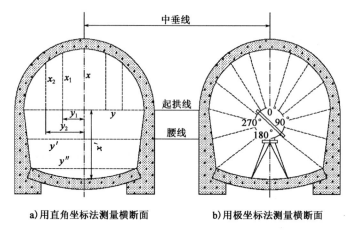

a) 用直角坐标法测量横断面　　b) 用极坐标法测量横断面

图 8-1　隧道竣工横断面测量

三、隧道竣工测量精度及要求

(一) 隧道二等水准贯通测量与调整

洞内水准点每千米埋设 1 个,水准路线起闭于隧道进、出口两端的线路水准基点,按二等水准测量要求施测。长度小于 1km 的隧道至少应设 1 个。同时在边墙上埋设标志。

当洞内水准贯通高差闭合差不大于 $6\sqrt{L}$mm 时,以道进、出口两端的二等水准点为固定点进行高程平差。当隧道洞内水准贯通高差闭合差大于 $6\sqrt{L}$mm 时,应将水准路线向两头延伸,使之满足小于 $6\sqrt{L}$mm 后,固定两端点的高程,对该段水准路线进行约束平差,并调整平差范围内的二等水准点,消除隧道高程断高。

(二) 隧道内线路贯通测量

隧道线路中线贯通测量应利用 CPⅡ 控制点测设。中线柱测设要求如下:
(1) 中线柱的设置,应满足编制竣工文件的需要。
(2) 中线上应钉设公里桩,并宜钉设百米桩。
(3) 在曲线起终点、变坡点、竖曲线起终点、隧道进出口、隧道内断面变化处均应设置加桩。

(三) 隧道断面测量

隧道净空断面应以工测量的线路中线为准,采用测距精度不低于 $5mm + 2 \times 10^{-6}$mm 的全站仪或断面仪进行测量,断面点测量中误差应≤10mm。断面测设要求如下:
(1) 直线地段每 50m、曲线地段每 20m 以及其他需要的地方均应测量净空断面。
(2) 净空断面测量以线路中线为准,测量内拱顶高程、起拱线宽度以及轨顶以上 1.1m、

3m、5.8m 处的宽度。

(四) 洞内 CPⅡ控制网测量

隧道长度大于800m的隧道工后,应进行洞内CPⅡ控制网测量,洞内CPⅡ导线测量的主要技术要求应符合表8-6规定。

洞内 CPⅡ 导线网等级及主要技术要求　　　　　　　　表8-6

控制网级别	符合长度L (km)	边长 (m)	测距中误差 (mm)	测角中误差 (″)	相邻点位坐标中误差 (mm)	导线长度相对闭合差限差	方位角闭合差限差(″)	对应导线等级	备注
CPⅡ	L>7	300~600	3	1.3	5	1/100000	±2.6$\sqrt{n}$	隧道二等	导线网
	2<L≤7	300~600	3	1.8	7.5	1/55000	±3.6$\sqrt{n}$	三等	导线网
	L≤2	300~600	3	1.8	7.5	1/55000	±3.6$\sqrt{n}$	三等	导线网

注:1. 导线网独立闭合环的边数以4~6条边为宜。
　　2. n 为测站数。

导线点宜充分利用洞内施工平面控制桩,单独布点时应布设在施工干扰小、安全稳固、方便设站、便于保存的地方,点间视线应距洞内设施0.2m以上。

隧道洞内CPⅡ导线观测应采用标称精度不低于1″、$2mm + 2 \times 10^{-6}mm$的全站仪施测。采用的导线等级与相应的技术要求见表8-7。

洞内 CPⅡ 导线等级与技术要求　　　　　　　　表8-7

等　级	测角中误差 (″)	测距相对中误差	测 回 数	
			0.5″级仪器	1″级仪器
隧道二等	1.3	1/250000	6	9
三等	1.8	1/150000	4	6

隧道洞内CPⅡ导线外业观测时,水平角及边长观测应分别满足表8-8的要求。

隧道洞内 CPⅡ 导线水平观测技术要求　　　　　　　　表8-8

等　级	仪器等级	半测回归零差(″)	一测回内2c互差(″)	同一方向值各测回互差(″)
四等及以上	0.5″级仪器	4	8	4
	1″级仪器	6	9	6

注:当观测方向的垂直角超过±3°的范围时,该方向2c互差可按相邻测回同方向进行比较。其值应满足表8-9中一测回内2c互差的限差。

隧道洞内 CPⅡ 导线边长观测技术要求　　　　　　　　表8-9

等级	测距仪精度等级	每边测回数		一测回读数较差限值(mm)	测回间较差限差(mm)	往返观测平均较差限差(mm)
三等及以上	Ⅰ级	往测	返测	2	3	2m_D
		4	4			

注:1. Ⅰ级对应的$|m_D|≤2mm$。
　　2. 一测回是全站仪盘左、盘右各测量一次的过程。

四、隧道竣工测量完成图表及要求

(1)验收时检测隧道中心线。在隧道直线段每隔50m、曲线段每隔20m检测一点。地下永久性水准点至少设置两个,长隧道中每公里设置一个。

(2)提交的成果图、表包括:隧道长度表、净空表、隧道回填断面图、洞内导线点坐标成果表、水准点表、中桩表。

参 考 文 献

[1] 中华人民共和国行业标准.高速铁路工程测量规范:TB 10601—2009[S].北京:中国铁道出版社,2010.
[2] 中华人民共和国行业标准.铁路工程测量规范:TB 10101—2018[S].北京:中国铁道出版社,2018.
[3] 中华人民共和国国家标准.国家一、二等水准测量规范:GB/T 12897—2006[S].北京:中国标准出版社,2006.
[4] 中华人民共和国国家标准.国家三、四等水准测量规范:GB/T 12898—2009[S].北京:中国标准出版社,2009.
[5] 中华人民共和国行业标准.铁路工程卫星定位测量规范:TB 10054—2010[S].北京:中国铁道出版社,2010.
[6] 中华人民共和国国家标准.全球定位系统(GPS)测量规范:GB/T 18314—2009[S].北京:中国标准出版社,2009.
[7] 中华人民共和国国家标准.工程测量规范:GB 50026—2007[S].北京:中国计划出版社,2008.
[8] 中华人民共和国行业标准.建筑变形测量规范:JGJ 8—2016[S].北京:中国建筑工业出版社,2016.
[9] 中华人民共和国企业标准.铁路工程沉降变形观测与评估技术规范:Q/CR 9230—2016[S].北京:中国铁道出版社,2016.
[10] 顾孝烈,鲍峰,程效军.测量学[M].上海:同济大学出版社,2016.
[11] 孔祥元,郭际明.控制测量学下册[M].武汉:武汉大学出版社,2015.
[12] 宋运辉.高速铁路轨道基准网测量技术的研究[D].成都:西南交通大学,2012.
[13] 王长进.高速铁路精测网建设有关问题的探讨[J].铁道工程学报,2007(S1).
[14] 中铁二局股份有限公司,卿三惠,等.高速铁路施工技术(施工测量分册)[M].北京:中国铁道出版社,2013.
[15] 李仕东.工程测量[M].北京:人民交通出版社股份有限公司,2015.